D1700545

Benjamin Himmler

# Die Schuld am Töten

Der Zweite Kongokrieg
und die Frage nach der Schutzverantwortung

Bachelor + Master
Publishing

**Himmler, Benjamin: Die Schuld am Töten. Der Zweite Kongokrieg und die Frage nach der Schutzverantwortung, Hamburg, Diplomica Verlag GmbH 2012**
Originaltitel der Abschlussarbeit: Völkerrechtliche Probleme des Zweiten Kongokrieges: Welche Schutzverantwortung trug die Völkergemeinschaft?

ISBN: 978-3-86341-345-3
Druck: Bachelor + Master Publishing, ein Imprint der Diplomica® Verlag GmbH, Hamburg, 2012
Zugl. Universität Rostock, Rostock, Deutschland, Bachelorarbeit, Juli 2011

**Bibliografische Information der Deutschen Nationalbibliothek:**
Die Deutsche Nationalbibliothek verzeichnet diese Publikation in der Deutschen Nationalbibliografie; detaillierte bibliografische Daten sind im Internet über http://dnb.d-nb.de abrufbar.

Die digitale Ausgabe (eBook-Ausgabe) dieses Titels trägt die ISBN 978-3-86341-845-8 und kann über den Handel oder den Verlag bezogen werden.

# Inhaltsverzeichnis

# Einleitung

*„ 'Never again' we said after the Holocaust. And after the Cambodian genocide in the 1970s. And then again after the Rwandan genocide in 1994. And then, just a year later, after the Srbrenica massacre in Bosnia. And now we are asking ourselves, yet again, in the face of more mass killing and dying in Darfur, whether we really are ever going to be capable, as an international community, of stopping nation-states from murdering their own people. How many more times will we look back wondering, with varying degress of incomprehension, horror, anger, and shame, how we could have let it all happen?"*[1]

Tatsächlich sah die Welt zur Jahrtausendwende auf das blutigste Jahrhundert der Weltgeschichte zurück[2], während in der Demokratischen Republik Kongo[3] noch der opferreichste Krieg seit dem Zweiten Weltkrieg brannte, der Zweite Kongokrieg[4] – 3,8 Millionen Tote[5], noch mehr Flüchtlinge. Gérard Prunier titelte sein Standardwerk *Africa's World War*. Vielerorts kam die Frage auf, wie solch dunkle Stunden der Menschheit künftig verhindert werden könnten. Es entstand das Prinzip der Responsibility to Protect, der völkerrechtlichen Schutzverantwortung.[6] Seither ist dieses Prinzip Gegenstand heftiger Debatten. Besonders lebhaft ist die Diskussion, ob es nun auch Teil des bestehenden Völkerrechts geworden ist – eine Diskussion, welche sich durch die Öffentlichkeit, die Staatengemeinschaft und selbstverständlich auch durch die Wissenschaft zieht. Ob das Prinzip der völkerrechtlichen Schutzverantwortung nun wirklich Teil des geltenden Völkerrechts ist und wenn ja, welche Konsequenzen dies auf den Zweiten Kongokrieg gehabt haben müsste, soll diese Arbeit klären.

Die genannte Diskussion um den völkerrechtlichen Status soll hier aufgegriffen werden, um anhand verschiedener Herangehensweisen zu einem Urteil zu gelangen. Dazu werden eingehend die Grundzüge des Prinzips der Schutzverantwortung dargestellt sowie die theoretische Einbettung gereicht. Bei der folgenden Bearbeitung wird der herrschenden

---

[1] Zit. Evans, Gareth: From an Idea to an International Norm. In: Cooper, Richard H.; Voinov Kohler, Juliette: Responsibility to protect. New York 2009. S. 15.
[2] Vgl. Finnemore, Martha: The Purpose of Intervention. New York 2003. S. 19.
[3] In der Literatur sowie in den Medien ist die Schreibweise „der" Kongo zu finden. Diese Arbeit folgt der Arbeitsweise, keinen Artikel zu verwenden. Im Weiteren wird die *Demokratische Republik Kongo* als *Kongo* abgekürzt.
[4] Hierbei wird der in der Literatur vorherrschenden Titulierung gefolgt. Demnach ist der Erste Kongokrieg der Krieg um Kabilas Machtergreifung (1996-1997), der Zweite Kongokrieg der darauf folgende Krieg (1998-2002).
[5] Vgl. Turner, Thomas: Congo Wars. London 2007. S. 2.
[6] Beide Begriffe werden im Folgenden synonym gebraucht.

Meinung und Art. 38 I Statut des Internationalen Gerichtshofes, dass sich Völkerrecht aus drei Bereichen zusammensetze, gefolgt: Völkergewohnheitsrecht, Völkervertragsrecht und den allgemeinen Rechtsgrundsätzen. Da letztere ganz offensichtlich nicht betroffen sind, konzentriert sich diese Arbeit dabei auf das Völkergewohnheitsrecht und das Völkervertragsrecht. Bei der Bearbeitung wird dabei stets darauf Wert gelegt, was das Völkerrecht, nicht was die Moral gebietet. Zudem kann diese Arbeit keine Diskussion des Prinzips, sondern lediglich seiner rechtlichen Wirksamkeit darlegen.

Das Völkergewohnheitsrecht wird in 1.3. chronologisch dargelegt, wobei das Hauptaugenmerk einerseits auf Humanitäre Interventionen als direkte Vorstufe der Schutzverantwortung und andererseits auf die Staatenpraxis gelegt wird. Begründet in der Ansicht, dass das Völkergewohnheitsrecht stets überwiegend von der Staatenpraxis geprägt wurde, wird die herrschende Rechtsüberzeugung lediglich in ihren Grundzügen dargelegt. Besondere Beachtung findet das Völkergewohnheitsrecht auch dadurch, dass Völkerrecht durch seine geringe Verbindlichkeit stets mehr ein Recht der Staaten als ein Recht der Gesetze ist. Zudem bedarf die Interpretation von Vertragsrecht stets seines historischen Kontextes und kann nur unter Betrachtung dessen bewertet werden.

Dem Völkergewohnheitsrecht folgt in 1.4. das Völkervertragrecht, wobei vorerst auf die zentrale Säule des modernen Völkerrechts, die Charta der Vereinten Nationen, eingegangen wird, der zufolge auch Resolutionen und Entscheidungen von Sicherheitsrat und Generalversammlung erörtert werden. Anschließend finden die verschiedenen Ansichten der Staatengemeinschaft Ausdruck. Zuletzt wird diskutiert, ob sich eine Schutzverantwortung bereits aus bestehenden Normen ergeben könnte. Dieser Teil liefert auch den Versuch von Definitionen der zur Diskussion stehenden Verbrechen Genozid [7], Kriegsverbrechen, ethnische Säuberungen und Verbrechen gegen die Menschlichkeit.

Abschließend wird unter Betrachtung all der angesprochenen Gesichtspunkte aus Völkergewohnheitsrecht und Völkervertragsrecht diskutiert, inwieweit das Prinzip der Schutzverantwortung Teil des geltenden Völkerrechts ist.

Im zweiten Teil der Arbeit wird der Zweite Kongokrieg dargestellt. Da dieser, wie viele andere Konflikte, nicht erklärbar ist, ohne sich den örtlichen Gegebenheiten gewahr zu werden, wird mit der chronologischen Darstellung der Geschehnisse eine kurze Übersicht über Kongo gegeben. Es folgt eine Einführung in die Geschichte des Kongo, welche bereits

---

[7] Im Folgenden wird das Wort „Genozid" aufgrund seiner Verbreitung in der englischsprachigen Literatur synonym für „Völkermord" verwendet.

mit der Kolonialzeit beginnen und die Mobutu-Herrschaft beinhalten muss, da schon hier die Wurzeln späterer Konflikte liegen.[8] Der historische Überblick endet mit einer kurzen Darstellung der Geschehnisse des Zweiten Kongokrieges. Es folgt die Charakterisierung des Krieges, im Speziellen der in ihm eingesetzten Mittel: Übergriffe auf Zivilisten, Einsatz von Kindersoldaten, ethnische Säuberungen und Vergewaltigungen.

Zuletzt wird kurz zusammengefasst, wie die Staatengemeinschaft auf die Vorkommnisse in Kongo reagierte.

Im abschließenden Kapitel steht die Erörterung der Frage im Vordergrund, inwieweit die angesprochenen Mittel in den Bereich des gerechten Grunds („just cause") des Prinzips der Schutzverantwortung fallen und welche Konsequenzen sich daraus bezüglich einer Intervention für die Staatengemeinschaft ergaben. Hierbei können aber wiederum keine Strategien oder Erfolgsaussichten diskutiert werden, sondern lediglich die grundsätzliche Verantwortung der Staatengemeinschaft.

Besonders das Prinzip der Schutzverantwortung wird in der Literatur umfassend diskutiert. Diese Diskussion kann aufgrund ihres Umfangs leider nicht zur Genüge dargestellt werden. Vor Allem rechtswissenschaftliche Streitigkeiten um Souveränität und Legitimität sind Mittelpunkte der Diskussion. Bereichert wird die Debatte dabei von Meinungen, welche ohne rechtlichen Hintergrund moralische Aspekte einfließen lassen. Besonders der Völkerrechtler Alex J. Bellamy bietet in verschiedenen Werken, teilweise als Herausgeber, umfangreiche und schlüssige Diskussionen um die Schutzverantwortung.

Zur Darstellung des Konfliktes in Kongo sind Thomas Turners Buch *The Congo Wars: conflict, myth and reality* (2007), im Besonderen aber Gérard Pruniers umfassendes Standardwerk *Africa's World War* (2009) heranzuziehen. Weiterführend bietet zur aktuellen, prekären Lage der Staatengemeinschaft und des Peacebuildings das kürzlich erschienene Buch *The Trouble with the Congo* (2010) von Séverine Autesserre gute Einblicke. Da die deutsche Forschung den Kongo weitestgehend unbeachtet lässt, kann allein Dominic Johnsons *Kongo: Kriege, Korruption und die Kunst des Überlebens* (2009) eine ausreichende, einführende Darstellung der Geschehnisse in Kongo bieten.

Ergänzend werfen die Berichte von Human Rights Watch einen detaillierten Blick auf die Leiden der Kongolesen und das Vorgehen der Soldaten im Land. Diese Berichte sind durch ihre Detailgenauigkeit teilweise sehr erschütternd und haben die Recherche zu dieser Arbeit inhaltlich sehr bereichert.

---

[8] Vgl. Turner S. 10.

3

# 1. Das Prinzip der Schutzverantwortung

Gemäß *The Oxford English Dictionary* bedeutet Verantwortung, („responsibility") *„legally obliged to take care of something or to carry out a duty"* bzw. *„liable to be blamed for loss or failure"*[9] zu sein. In die gleiche Richtung geht auch *Meyers Großes Taschenlexikon*, indem es Verantwortung als ein in der *„Rechtsprechung verwendeter Terminus zur Bez. des Rechenschaftsgebens für ein bestimmtes Handeln oder für dessen Folgen"*[10] definiert.

## 1.1. Die Grundzüge der „Responsibility to Protect"

Die oben angedeuteten humanitären Katastrophen Ende des 20. Jahrhunderts veranlassten die kanadische Regierung im Jahre 2000 zur Bildung der International Commission on Intervention and State Sovereignty, welche einen Diskussionsansatz entwickelte, der die Paralyse der Staatengemeinschaft bei schweren Menschenrechtsverletzungen durch entschlusskräftiges, legales Handeln ablösen sollte.[11] Der entwickelte Ansatz enthält einen grundlegenden Paradigmenwechsel des Prinzips der Staatensouveränität. So entstehe Souveränität nicht aus effektiver Kontrolle über das eigene Staatsgebiet, Souveränität setze vielmehr Verantwortung für die Wahrung grundlegender Menschenrechte voraus.[12] So heißt es hier: *„First, it implies that the state authorities are responsible for the functions of protecting the safety and lives of citizens and promotion of their Welfare. Secondly, it suggests that the national political authorities are responsible to the citizens internally and to the international community through the UN.*[13] *[...] While the state whose people are directly affected has the default responsibility to protect, a residual responsibility also lies with the broader community of the states. This fallback responsibility is activated when a particular state is clearly either unwilling or unable to fulfil its responsibility to protect or is itself the actual perpetrator of crimes or atrocities."*[14] Die Kommission geht also entgegen der Charta der Vereinten Nationen und der bisherigen Staatenpraxis bei schweren Menschenrechtsverletzungen nicht von einer Möglichkeit zur Intervention, sondern von einer Verpflichtung zur Intervention aus. Dabei entstünden die genannten drei Säulen der Verantwortung.

---

[9] Zit. The Oxford English Dictionary. Oxford 2008.
[10] Zit. Meyers Grosses Taschenlexikon. Band 23. Mannheim 1995. S. 111
[11] Vgl. ICISS Report S. 81.
[12] Vgl. Wenzel, Matthias: Schutzverantwortung im Völkerrecht. Hamburg 2010. S. 9.
[13] Zit. ICISS Report S. 13.
[14] Zit. ebd. S. 17.

Die Frage nach dem gerechten Grund eines Eingreifens beantwortet der Bericht der Kommission mit „*Large scale loss of life, actual or apprehend [...]*" sowie „*Large scale of ethnic cleansing, actual or apprehend, whether carried out by killing, forced expulsion, acts of terror or rape*".[15]

Der Bericht enthielt völkerrechtliche Sprengkraft, sprach er doch erstmals von Verpflichtungen. Neben einer lebhaften Diskussion in der hauptsächlich rechtswissenschaftlichen Forschung sorgte der Bericht auch für eine verstärkte Auseinandersetzung mit dem Prinzip in den Internationalen Beziehungen. Um dabei die Rolle der Vereinten Nationen klar zu definieren, schuf Generalsekretär Kofi Annan im Jahre 2003 das High-level Panel on Threats, Challenges and Change. Der Bericht des Gremiums, *A More Secure World: Our Shared Responsibility*, wurde im Dezember 2004 veröffentlicht. Hierbei fanden sich überwiegend die Empfehlungen der ICISS wieder. Der Bericht bekräftigt noch einmal „*the emerging norm that there is a collective international responsibility to protect, exercisable by the Security Council authorizing military intervention as a last resort.*"[16] Der gerechte Grund ist hierbei ähnlich wie beim ICISS-Bericht „*genocide and other large scale killing, ethnic cleansing or serious violations of international humanitarian law*".[17]

Zwar stellen diese Berichte zweifellos kein neues Völkerrecht dar, jedoch hatten sie unzweifelhaft große Auswirkungen auf die Diskussion um das Prinzip der Schutzverantwortung, welche anschließend an die theoretischen Grundlagen dargestellt werden soll.

## 1.2. Theoretischer Unterbau: Schutzverantwortung als Kind des Idealismus

Der Gedanke internationaler Schutzverantwortung greift die Theorie des Idealismus auf, welche nach dem Ersten Weltkrieg an Popularität gewann und durch den Völkerbund, der letztlich scheiterte, einen ersten Versuch der Umsetzung erfuhr.

Der Idealismus in den Internationalen Beziehungen fußt auf den Ideen des philosophischen Liberalismus und des Humanismus. Demzufolge sei der Mensch ein vernunftbegabtes Wesen, das dazu fähig sei, weitsichtig im Sinne eines harmonischen Zusammenlebens zu handeln. Diesen Gedanken überträgt der Idealismus vom Individuum auf Nationen und Staaten, welche nun im Sinne des internationalen Friedens die Weitsichtigkeit besäßen zusammenzuarbeiten. Dabei wird von einem internationalen Minimalkonsens ausgegangen, welcher als übergreifendes Ideal gelten sollte. Die Idealisten glauben an die Erreichbarkeit einer

---

[15] Zit. ebd. S. 32.
[16] Zit. UN Doc. A/59/565(2004). S. 57.
[17] Ebd.

Weltgemeinschaft, die auf einer gültigen Rechtsgemeinschaft beruht und so ein harmonisches und friedliches Zusammenleben der Nationen ermöglichen soll. Diese Weltgemeinschaft entstünde aber nicht automatisch, sondern benötige eine Weltorganisation, welche geeignete Instrumente zum Krisenmanagement besitzen müsse. Zentrales Prinzip müsse dabei das Rechtsstaatprinzip sein, welches auf die Weltgemeinschaft übertragen werden müsse: Das internationale Zusammenleben solle durch Erklärungen, Übereinkünfte, Gesetze und internationale Abmachungen reguliert werden – abweichendes Handeln müsse von der Weltorganisation korrigiert werden.[18]

Auf dieser Theorie fußt nun der Gedanke der internationalen Schutzverantwortung. Dabei wird die Ablehnung von Kriegsverbrechen, Genozid, Verbrechen gegen die Menschlichkeit und ethnischen Säuberungen zum internationalen Minimalkonsens erhoben. Interventionen mit Mandat des Sicherheitsrates der Vereinten Nationen, nach vereinzelter Meinung auch Regionalorganisationen oder Staatenbündnissen, agieren dabei als Instrumente des Krisenmanagements. Hierbei geht das Völkerrecht nunmehr von einer Möglichkeit zum Eingreifen zu einer Verantwortung – einer Pflicht zum Eingreifen – über. Dabei wird die allgemeine Anerkennung des Prinzips der Schutzverantwortung vorausgesetzt.

## 1.3. Völkergewohnheitsrecht

Das Völkergewohnheitsrecht stellt neben dem später erörterten Völkervertragsrecht und den allgemeinen Rechtsgrundsätzen eine von drei Säulen des Völkerrechts dar.[19] Dabei handelt es sich – subjektiv – um den Ausdruck einer allgemeinen, als Recht – objektiv – anerkannten Übung. In diesem Zusammenhang ist das Verhältnis von Staatenpraxis und Rechtsüberzeugung problematisch. Klassischerweise wird die Staatenpraxis als Ausdruck des Völkergewohnheitsrechts der herrschenden Rechtsüberzeugung vorangestellt.[20] Dieser Ansicht wird auch hier gefolgt, sodass der Staatenpraxis eine höhere Gewichtung gegenüber der Rechtsüberzeugung gegeben wird. Im Folgenden soll so chronologisch geprüft werden, ob das Völkergewohnheitsrecht das Prinzip der Schutzverantwortung kennt und/oder gar gebietet.

### 1.3.1. Die Etablierung des Völkerrechts

Die Grundlagen der wissenschaftlichen Behandlung fand das Prinzip Humanitärer Interventionen bei verschiedenen Philosophen und frühen Völkerrechtlern wie Francisco de

---

[18] Vgl. Gu, Xuewu: Theorien der Internationalen Beziehungen. Oldenbourg 2010. S. 31 f.
[19] Vgl. Herdegen, Matthias: Völkerrecht. München 2009. S. 105.
[20] Vgl. Herdegen S. 130.

Vitoria, Francisco Suarez oder Alberto Gentili.[21] Der bedeutendste Pionier war aber wohl Hugo Grotius, welcher bereits im frühen 17. Jahrhundert diskutierte, „ob für fremde Untertanen ein Krieg mit Recht begonnen werden kann, um sie gegen Unrecht durch die Obrigkeit zu schützen".[22] Zwar beinhaltet genau diese Frage den Grundgedanken der Humanitären Intervention, Grotius gibt aber vielmehr Handlungsanweisungen, wann es für einen Herrscher klug sei, zu intervenieren. Zudem erhält das Prinzip der Humanitären Interventionen bei Grotius seine Rechtfertigung aus naturrechtlichen Gründen; diese Ansicht spielt spätestens ab dem 19. Jahrhundert keine Rolle mehr.[23]

Samuel Pufendorf, einer der bedeutendsten Völkerrechtler des 17. Jahrhunderts, erweiterte die Interventionsmöglichkeiten auf die Hilfe für unterdrückte Völker, sollten diese sich gegen einen ungerechten Herrscher erheben. In einer Ergänzung zum Werk Grotius' deutet er vorsichtig gar eine Verpflichtung zur Hilfe an.[24]

Diese Einschränkung überzeugte selbst starke Verfechter des Prinzips der Staatensouveränität, wie den Schweizer Völkerrechtler Emer de Vattel, der ebenso eingesteht, dass eine Intervention in einen Bürgerkrieg, der sich gegen einen brutalen Herrscher richtet, legitim sei.[25]

Dass Staatensouveränität mit dem Prinzip der Schutzverantwortung vereinbar, ja sogar zwingend verbunden sei, äußerte auch bereits Thomas Hobbes in seinem wegweisenden Werk *Leviathan*. Hier wird beschrieben, dass Herrschaft auf einem Vertrag zwischen Herrscher und Beherrschten basiere. Demzufolge ende die Souveränität des Herrschers an der Selbstverteidigung des Beherrschten – wenn der Souverän das Leben der Beherrschten gefährde oder zulasse, dass es gefährdet sei, würde sich seine Souveränität auflösen.[26]

Diese Sichtweise fand auch Einzug in die Staatenpraxis, erstmals, als sich 1821 die Griechen gegen die osmanische Fremdherrschaft erhoben. Als eine große osmanische Armee Griechenland erreichte und die Angst der Versklavung des griechischen Volkes, Griechenland als Geburtsstätte der abendländischen Zivilisation, durch die Osmanen umging, entschlossen sich Russland und England, die Kämpfe durch eine Intervention zu beenden, welche in der wohl versehentlichen Seeschlacht von Navarino und der Zerschlagung des osmanischen

---

[21] Zu Francisco de Vitoria siehe Muldoon, James: Francicsco De Vitoria and Humanitarian Intervention. in: Journal of Military Ethics. Band 5. Heft 2. Oslo 2006. S. 128-143.
Zu Francisco Suarez und Alberto Gentili siehe Meron, Theodor: War Crimes Law Comes of the Age. Oxford 1998. S. 122-130.
[22] Vgl. Grotius, Hugo: De jure belli ac pacis. Drittes Buch. E-book- Ausgabe Frankfurt am Main 2008. S. 407.
[23] Vgl. Swatek-Evenstein, Mark: Geschichte der "humanitären Intervention". Baden-Baden 2008. S. 86.
[24] Vgl. Zurbuchen, Simone: Vattels „Law of Nations" and the Principle of Non-Intervention. In Grotiana, a journal under the auspices of the Foundation Grotiana. Band 31. Leiden 2010. S. 78.
[25] Vgl. ebd. S. 81 f.
[26] Vgl. Bellamy S. 84 f.

Heeres endete. Während dieser wohl ersten Humanitären Intervention der europäischen Geschichte provozierte das Verhalten Russlands und Englands die Kritik vieler europäischer Staatsmänner. So schrieb Graf von Metternich: *„Es geht um nicht mehr und nicht weniger als die Grundlage des bis zur Stunde anerkannten Völkerrechts".* [27] Diese Betonung der Staatensouveränität entfaltete damals aber nur geringe Wirkung. Die überwiegende zeitgenössische Lesart bescheinigte den Intervenierenden ein positives Ergebnis und verwies auf unterschiedliche Rechtfertigungen.

So sei einerseits das Ziel der Unabhängigkeit der Griechen eine legitime Begründung der Intervention gewesen, andererseits aber auch allein der Ruf der Griechen nach Hilfe. Auch konnte die Intervention mit der Vertretung eigener Interessen (hier: Handelsinteressen) gerechtfertigt werden. Zuletzt findet sich aber auch die Ansicht, dass die Intervention als Antwort auf unzivilisierte Barbarei legitim sei. Eine verpflichtende Schutzverantwortung findet dabei aber keine Berücksichtigung, wohl aber lässt sich besonders der letztgenannte Punkt als erste Entwicklung zur Etablierung humanitärer Rechtfertigungen deuten.[28]

Trotz dieser Entwicklung in Richtung der Legalisierung humanitärer Interventionen schrieb der bedeutende Völkerrechtler August Wilhelm Heffter in seinem wegweisenden Standardwerk *Das Europäische Völkerrecht der Gegenwart* von 1844: *„So oft es sich nicht von schon drohenden Rechtsverletzungen oder Gefahren handelt, kann selbst die schreiendste Ungerechtigkeit, welche in einem Staate begangen wird, keinen anderen zu einem eigenwilligen Einschreiten gegen den ersteren berechtigten, denn kein Staat ist zum Richter des anderen gesetzt."* [29] Eine Schutzverantwortung, welche der Staatensouveränität übergeordnet ist, wird also klar verneint. Die maximale Folge von Menschrechtsverletzungen (da dieser Begriff zu dieser Zeit überaus unklar war, ist davon keine wörtliche Rede) sei die Einstellung der diplomatischen Beziehungen.

Im 19. Jahrhundert findet die Diskussion um humanitäre Diskussionen große Berücksichtigung in der Völkerrechtslehre. Der russische Jurist Friedrich Fromhold Martens legitimiert Interventionen gegen die Barbarei von unzivilisierten Völkern, namentlich Japan, China und das Osmanische Reich.[30]

Henry Wheaton dagegen beschreibt Humanitäre Interventionen als Tradition der Verteidigung christlicher Glaubensbrüder vor religiöser Verfolgung. Demnach sei die gemeinsame christliche Kultur die Vorraussetzung eines jeden Völkerrechts.[31] Diese Ansicht durchzieht

---

[27] Vgl. Swatek-Evenstein S. 91.
[28] Vgl. ebd. S. 88 ff.
[29] Vgl. Heffter, August Wilhelm: Das Europäische Völkerrecht der Gegenwart. Berlin 1844. S. 94.
[30] Vgl. Swatek-Evenstein S.104 f.
[31] Vgl Wheaton, Henry: Elements of International Law. Boston 1866. § 63. S. 91 ff.

eine Vielzahl völkerrechtlicher Schriften des 19. Jahrhunderts.

Eine Bejahung des Prinzips Humanitärer Interventionen fasste aber nur in Europa Fuß, in Lateinamerika etablierte sich aus den Erfahrungen der Kolonisation und der Monroe-Doktrin eine konsequente Ablehnung Humanitärer Interventionen.[32]

1860 rechtfertigten die Franzosen zudem eine Intervention zum Schutze der Christen in Libanon, welche die zeitgenössische Lesart als Humanitäre Intervention rechtfertigte.[33]

Die Vordergründigkeit des Kriteriums „(un)zivilisiert" spiegelt dabei die blutige Niederschlagung der polnischen Unabhängigkeitsbewegung 1863 durch Russland wider. Zwar wurde das Vorgehen der russischen Streitkräfte harsch kritisiert (der Humanitätsgedanke scheint etabliert), eine Intervention durch die anderen europäischen Staaten gegen Russland als zivilisiertes Land schien aber illegal oder zumindest nicht erstrebenswert.[34]

Die Große Balkankrise 1875-1877 erlebte eine weitreichende Intervention unter dem Vorwand der Humanität. Nach den Unabhängigkeitsbestrebungen einiger Völker des Balkans und ihrer Niederschlagung durch die Osmanen griff Russland ein und schlug die Osmanen zurück. Auch hier griffen die Russen in ihrer Rechtfertigung auf das Argument der Humanitären Intervention zurück. Auch wenn dieser Beweggrund zweifelhaft erscheint, da den Russen durchaus vorgeworfen werden kann, dass sie mit dieser Intervention ihre Einflusssphäre auf dem Balkan ausbauen wollten, bleibt festzustellen, dass das Prinzip der Humanitären Intervention bereits als legitimer Grund für Interventionen galt.[35]

Während der Balkankrise etablierte sich ein umfassenderer Humanitätsgedanke, und die herrschende Völkerrechtslehre um Aegidius Arnzt, Martens und Johann Caspar Bluntschli[36] bejaht die Existenz eines Interventionsrechtes bei groben Menschenrechtsverletzungen.

Als strikter Gegner humanitärer Interventionen ist dagegen John Stuart Mill anzuführen, welcher sich in seinem Werk *A Few Words on Non-Intervention* von 1873 klar gegen jede Form der Intervention aussprach.[37]

1898 intervenierten die USA in Kuba unter dem Banner der Humanität, nachdem die Spanier auf Kuba ein Schreckensregime führten. Zwar hatte dieses Einschreiten auch machtpolitische

---

[32] Vgl. Swatek-Evenstein S. 115.
[33] Vgl. ebd. S. 124 ff.
[34] Vgl. ebd. S. 137 ff.
[35] Vgl. Seeger, Chris: Die unilaterale humanitäre Intervention im System des Völkerrechts. Baden-Baden 2009. S. 60 f.
[36] Vgl. Bluntschli, Johann Caspar: Das moderne Völkerrecht der civilisierten Staaten. Nördlingen 1868. S. 290.
[37] Zu Mills Ansichten siehe Mill, John Stuart: A Few Words on Non-Intervention. in: Mill, John Stuart: Dissertations and discussions : political, philosophical, and historical. Band 3. London 1875. S. 153-178.

Gründe, fand seine offizielle Interpretation aber in der Verteidigung der Humanität.[38] Deutlich wurde nun, dass die Argumente der Humanität auch gegen europäische „zivilisierte" Völker anwendbar waren.

Im so genannten „klassischen" Zeitalter des Völkerrechts ist also eine deutliche Tendenz zu erkennen, eine Intervention humanitär zu begründen, wenn sich dies anbietet – die umfassende Schutzverantwortung ist aber zu verneinen.

## 1.3.2. Die Humanitäre Intervention im 20. Jahrhundert

Die dargelegte Entwicklung fand infolge des Ersten Weltkriegs und der Begründung des Völkerbundes (1919) sowie des Briand-Kellog-Paktes (1928) ein Ende, als der Krieg, also auch Humanitäre Interventionen, fortan als Instrument der Politik umfassend geächtet wurde.[39]

Der Ruf nach einem Prinzip der Humanitären Intervention wurde im Zuge der Entwicklungen im Dritten Reich aber wieder laut und 1933 in einer Resolution des Völkerbundes wieder bejaht[40], fand aber in der Realpolitik bekanntermaßen auch angesichts der vielleicht massivsten Menschenrechtsverletzungen der Menschheitsgeschichte keine Anwendung.

Nach dem Zweiten Weltkrieg ist eine Entwicklung in Richtung institutionalisierter, internationaler Menschenrechtsschutz zu beobachten. Zwar gab es vor 1918 ein begrenztes Völkergewohnheitsrecht zu Humanitären Interventionen, dieses wurde nun aber durch die Charta der Vereinten Nationen abgelöst. Die Organisation der Vereinten Nationen wurde zum zentralen Organ des Völkervertragsrechtes und ihre Charta zum Primärrecht, und mit ihr das Recht zur multilateralen Humanitären Intervention durch eine entsprechende Resolution des Sicherheitsrates legalisiert.

Dieses Prinzip der institutionalisierten Humanitären Intervention zerbrach während des Kalten Krieges aber an den Interessen der Supermächte. Die Veto-Mächte blockierten den Sicherheitsrat und verhinderten so die Anwendung Humanitärer Interventionen als Mittel zur Konfliktbeilegung– während der 45 Jahre Blockpolitik hatte der Sicherheitsrat infolgedessen kaum Entscheidungsspielraum.[41] So blieben die blutige Herrschaft des Pinochet-Regimes in

---

[38] Vgl. Swatek-Evenstein S. 177
[39] Vgl. Seeger S. 67
[40] Vgl. Swatek-Evenstein S. 206
[41] Vgl. Finnemore S. 127

Chile[42], der Iran-Irak-Konflikt[43] und unzählige Kriege auf dem afrikanischen Kontinent (wie in Burundi, Nigeria oder Liberia) ohne internationalen Menschenrechtsschutz.

Der Schutzgedanke verlor sich währenddessen aber nicht vollkommen in den Internationalen Beziehungen. Mehrere Beispiele zeigen, dass auch ohne ein Mandat der Vereinten Nationen zum Schutze der Menschenrechte interveniert wurde.

So intervenierte Indien, als es Anfang der 1970er Jahre zu einem der grausamsten Bürgerkriege [44] in Ostpakistan kam, wenngleich Indien den Begriff der Humanitären Intervention umging und sich auf Hilfestellung eines Verbündeten und die Selbstverteidigung berief.[45]

Auch führte Vietnam eine Intervention gegen die Roten Khmer[46] in Kambodscha.[47]

Zwar rechtfertigte Tansania 1979 seine Intervention in Uganda gegen die Schreckensherrschaft des Rassenfanatikers Idi Amin, derer etwa 300 000 Menschen zum Opfer fielen, mit Grenzstreitigkeiten, die heutige Lesart sieht aber humanitäre Gründe als ebenso entscheidend an.[48]

Auch indirekt wirkten Kräfte, so als Spanien 1979 den Putsch gegen den blutigen Diktator Macías Nguema in Äquatorialguinea unterstützte.[49]

Wenngleich machtpolitische Faktoren nie ausgeblendet werden können, zeigen diese wenigen Beispiele, dass der Gedanke der Humanität und auch der Schutzverantwortung, wenn er auch nicht allein vorherrschend war, doch Auswirkungen hatte. Gleichwohl wird durch die überwiegenden Rechtfertigungen, welche sich eben nicht auf den Menschenrechtsschutz berufen, deutlich, welch geringe Akzeptanz das Prinzip der Humanitären Intervention gegenüber dem der Staatensouveränität hatte. Auch die teils harschen Reaktionen der Völkergemeinschaft auf Interventionen verdeutlichen dies. So verlangte China mit Unterstützung der USA eine offizielle Verurteilung des Verhaltens Vietnams durch die Vereinten Nationen. Die Franzosen argumentierten, dass *„the notion [...] intervention is*

---

[42] Eine einführende Darstellung Chiles unter Augusto Pinochet findet sich in Huneeus, Carlos: Augusto Pinochet Ugarte. In: Werz, Nikolaus (Hrsg.): Populisten, Revolutionäre, Staatsmänner, Politiker in Lateinamerika. Frankfurt am Main 2010. S. 474 - 490.

[43] Eine umfassende Darstellung des Konfliktes findet sich in Hiro, Dilip: The longest War : the Iran-Iraq military conflict. London 1989.

[44] Bereits nach wenigen Monaten hatten etwa 3 Millionen Menschen ihr Leben verloren, 30 Millionen wurden zu Flüchtlingen.

[45] Vgl. Seeger S. 221.

[46] Im Zuge der Ideologie, einen „Steinzeitkommunismus" zu errichten, fand etwa ein Viertel der Bevölkerung Kambodschas den Tod durch die Gräuel des Pol-Pot-Regimes.

[47] Vgl. Seeger S. 224.

[48] Vgl. Finnemore S. 76 f.

[49] Vgl. Pauer, Alexander: Die humanitäre Intervention; Militärische und wirtschaftliche Zwangsmaßnahmen zur Gewährleistung der Menschenrechte, Basel 1985. S 176.

*justified and forcible [...] is extremely dangerous. That could ultimately jeopardise the very maintenance of law and order.* "[50]

Es bleibt daher festzustellen, dass das Konzept der Humanitären Intervention in den etwa 45 Jahren des Kalten Krieges den Großteil seiner Wirkungskraft verlor und zu einem unanwendbaren Prinzip der Vereinten Nationen wurde. Auch durch diese Paralyse der Vereinten Nationen und trotz der Erfolge aus dem Briand-Kellog-Pakt zur Ächtung des Krieges wurde das 20. Jahrhundert zum wohl blutigsten Jahrhundert der Weltgeschichte[51] – die Schutzverantwortung fand, wo sie nicht gar verneint wurde, kaum Anwendung in den Internationalen Beziehungen.

### 1.3.3. Das Ende der Blockpolitik als Chance?

Nach dem Ende des Kalten Krieges änderte sich die Sichtweise auf den internationalen Menschenrechtsschutz. Die Welt der Einflusssphären löste sich auf und mit ihr das vorher unumstößliche Prinzip der Staatensouveränität. Die Überzeugung, internationale Sicherheit sei ohne die weltweite Sicherung von Menschenrechten unmöglich, etablierte sich.[52]

Im Jahre 1992 hieß es dazu in einer Stellungnahme der Mitglieder des Sicherheitsrates:

*„The absence of war and military conflicts amongst states does not itself ensure international peace and security. The non military sources of instability in economic, social, humanitarian and ecological fields have become threats to peace and security."*[53]

Diese neue Denkstruktur verdeutlichte sich erstmals in der Resolution gegen den Irak in Reaktion auf die schweren Menschenrechtsverletzungen gegen die kurdische Minderheit. Zwar hatten diese keinen grenzüberschreitenden Bezug, waren somit nicht im klassischen Sinne eine Gefährdung für den Weltfrieden, wurden aber in ihrem Wesen als schwere Menschenrechtsverletzungen auch als solche anerkannt.[54]

Die frühen 1990er Jahre wurden durch die Neuordnung der Welt aber auch Schauplatz nie erlebter humanitärer Probleme. So waren laut VN-Angaben im Dezember 1992 weltweit etwa 35 Millionen Menschen Opfer humanitärer Katastrophen in 18 Bürgerkriegen. Auch entstand das Problem der „failed states" wie beispielsweise in Angola, Somalia, Sudan und Jugoslawien.[55] War in früheren Kriegen das Verhältnis der militärischen Opfer zu zivilen

---

[50] Zit. Chesterman, Simon: Just War or Just Peace? Humanitarian Intervention and International Law. Oxford 2001. S. 80.
[51] Vgl. Finnemore S. 19.
[52] Vgl. ebd. S. 135.
[53] Vgl. UN-Doc. S/23500(1992). S. 3.
[54] Vgl. Seeger S. 131.
[55] Vgl. Griffiths, Martin; Levine, Iain; Weller, Mark: Sovereignty and suffering. In: John Harriss (Hrsg.): The politics of Humanitarian Intervention. New York 1995. S. 60.

Opfern etwa 9:1, drehte sich das Verhältnis in diesen Konflikten nun auf erschreckende Weise um.[56] Das Ende der Blockpolitik machte den Sicherheitsrat also nicht nur handlungsfähig, sondern auch unverzichtbar. Es wurden so einige Einsätze internationaler Truppen möglich, wie im Zweiten Golfkrieg, 1992 in Kambodscha, 1992-1995 in Somalia, seit 1992 in Bosnien, seit 1994 in Ruanda und Haiti, 1999 in Ost-Timor, seit 2001 in Afghanistan oder kürzlich in Libyen.[57]

Keineswegs aber entwickelte sich eine Interventionseuphorie. Weiterhin wurde stark zwischen den Konflikten unterschieden: Kritiker haben den Begriff des „CCN-Faktors" entwickelt, welcher beschreibt, wie die Präsenz eines Konfliktes in den Medien ein Handeln der Vereinten Nationen bestimmt.[58]

## 1.3.4. Schutzautoritäten parallel zu den Vereinten Nationen?

Dies und machtpolitische Interessen lähmten den Sicherheitsrat. Daher agierten parallel dazu auch Regionalbündnisse und gerade diese „illegalen" Interventionen können Aufschluss geben, inwieweit der Gedanke der Schutzverantwortung etabliert ist.

Neben dem ECOWAS-Einsatz in Liberia muss in diesem Zusammenhang besonders der NATO-Einsatz in Kosovo hervorgehoben werden.[59]

Nach den schweren Menschenrechtsverbrechen im Zuge des Bosnienkrieges mit ihrem Höhepunkt im Massaker von Srebrenica, wo unter den Augen untätiger, unter dem Befehl der Vereinten Nationen stehender Soldaten im Juli 1995 etwa 8 000 unbewaffnete männliche Bosniaken von einer serbischen paramilitärischen Einheit unter dem Befehl von Ratko Mladić hingerichtet wurden, brachte der damalige deutsche Außenminister Rudolph Scharping die herrschende Meinung unter den Regierungen der NATO-Mitglieder auf den Punkt: *„Wir werden nicht tatenlos zusehen, wenn wieder Tausende von Menschen abgeschlachtet werden sollten."*[60] Zwar rang man längere Zeit um ein Mandat der Vereinten Nationen, um eine ähnliche humanitäre Katastrophe zu verhindern, dies scheiterte jedoch am Veto Russlands. Die NATO war aber schlussendlich auch bereit, ohne entsprechendem Mandat einen Militäreinsatz zu starten und die serbischen Truppen in Kosovo zum Rückzug zu zwingen.

---

[56] Vgl. Finnemore S. 135.
[57] Vgl. Finnemore S. 137.
[58] Vgl. Harriss, John (Hrsg.): The politics of Humanitarian Intervention. New York 1995. S. 13.
[59] Eine umfassende Darstellung der Geschehnisse vor und während des Kosovokonfliktes reicht der Sammelband Clewing, Konrad, Reuter, Jens (Hrsg.): Der Kosovo-Konflikt. München 2000.
[60] Zit. Ihlau, Olaf; Ilsemann, Siegesmund von: Geduld und Zähigkeit. Spiegel 4/1999. Hamburg 1999. S. 140.

Die völkerrechtliche Tragweite dieses Einsatzes ist kaum zu überschätzen, denn nun wurde medienwirksam ohne Autorisierung durch den VN-Sicherheitsrat in einen Bürgerkrieg eingegriffen – eine klare Verletzung des Völkervertragsrechts.

Auch der Krieg im Irak 2003 kann als Beispiel herangezogen werden.[61] Zwar wurde dieser nicht vorrangig mit Menschenrechtsgründen gerechtfertigt, diese wurden neben anderen aber auch angeführt. So sprach US-Präsident George W. Bush: *„Our mission is clear, to disarm Iraq of weapons of mass destruction, to end Sadam Hussein's support for terrorism and **to free the Iraqi people**.“*[62] Auch der britische Premierminister Tony Blair sprach von einem Akt der Humanität.[63] Wieder agierte hier also ein Bündnis ohne Mandat der Vereinten Nationen unter der Flagge des Menschenrechtschutzes.

Ähnlich argumentierte auch der russische Präsident Dimitri Medwedew im Zusammenhang mit dem russischen Militäreinsatz zum Schutz der russischen Minderheiten in Georgien ohne Mandat der Vereinten Nationen.[64] Hier spricht er von Genozid und *„the only possibility to save human lives“*.[65] Er rechtfertigt diesen Einsatz also ebenso mit humanitären Gründen.

Es ist angesichts der Einsätze mit Mandat der Vereinten Nationen und vor Allem der Interventionen ohne Mandat, demnach Vertragsbrüchen, also fraglich, ob die Staatenpraxis nicht doch eine Schutzverantwortung kennt.

## Zwischenfazit

Zu einer abschließenden Entscheidung, ob das Völkergewohntheitsrecht (vor allem in den letzten 20 Jahren) eine Schutzverantwortung kennt, kann man nicht endgültig gelangen.

Zwar gingen einige Staaten in den letzten Jahren gar das Risiko eines Vertragsbruches ein, um Menschenrechte zu verteidigen, andererseits fehlt diesem Verhalten aber die Konsequenz in anderen Fällen. Der Gedanke der Schutzverantwortung mag daher durchaus Eingang in die Internationalen Beziehungen gefunden haben und so als rhetorisches Mittel dienen, ausschließlich durch das Völkergewohnheitsrecht erhält das Prinzip aber keine Rechtfertigung.

---

[61] Zum Konflikt im Irak siehe Krech, Hans: Der Bürgerkrieg im Irak (1991-2003). Berlin 2003.

[62] Zit. Hehir, Aidan: Humanitarian Interventions after Kosovo. Hampshire 2008. S. 60. Hervorhebung durch den Verfasser.

[63] Ebd.

[64] Zum Konflikt in Georgien siehe Asmus, Ronald: A little War that shook the World. New York 2010. S. 165 – 189.

[65] Zit. http://archive.kremlin.ru/eng/speeches/2008/08/26/1543_type82912_205752.shtml.

## 1.4. Völkervertragsrecht

Das Völkervertragsrecht stellt, wie oben erwähnt, die zweite Säule des Völkerrechts dar. Inwieweit dieses das Prinzip der Schutzverantwortung bejaht, wird im Folgenden beleuchtet. Zunächst ist zu klären, inwieweit bereits die Charta der Vereinten Nationen eine Verpflichtung zum Handeln kennt. Wie gezeigt wird, ist dies nicht der Fall, und daher ist es notwendig, weitere flankierende Rechtsnormen und Ansätze zu betrachten.

### 1.4.1. Die Charta der Vereinten Nationen

Als zentrales Vertragswerk im Rahmen des Völkerrechts gilt unbestritten die Charta der Vereinten Nationen, welche gemäß Art. 1 I VN-Charta definiert, dass „die Bewahrung des internationalen Friedens und der Sicherheit" das wichtigste Ziel der VN sei. Der Begriff des Friedens ist hierbei eindeutig eng auszulegen und bezieht sich ausschließlich auf die Abwesenheit von Gewaltanwendung. Eine weitere Auslegung, beispielsweise auf ein freundschaftliches Verhältnis oder Handel zwischen den Staaten, ließe die Konturen des Begriffs völlig verschwimmen. Ergänzend bestimmt Art. 2 IV VN-Charta, dass dieses Gewaltverbot in den Internationalen Beziehungen wirkt, Art. 2 VII VN-Charta betont gar die Souveränität der Staaten in ihren inneren Angelegenheiten. Zudem definiert Art. 51 VN-Charta den ius ad bellum nunmehr ausschließlich als den individuellen oder kollektiven Verteidigungskrieg. Gleichsam wurden die Vereinten Nationen, abgesehen vom naturgegebenen Selbstverteidigungsrecht im Rahmen von Art. 39 VN-Charta i.V.m. Art. 42 VN-Charta, zum Gewaltmonopolisten in den Internationalen Beziehungen. So gesteht die Charta dem VN-Sicherheitsrat zu, eine Gefährdung des Weltfriedens festzustellen und entsprechende, auch militärische Maßnahmen zu treffen.

Ein Gebot zur Handlung findet sich nach allgemeiner Lesart in der Charta aber nicht.

### 1.4.2. Arbeitsweise des VN-Sicherheitsrates

Da, wie oben geschildert, das Gewaltmonopol de lege lata in Händen des VN-Sicherheitsrates liegt, kann es aufschlussreich sein, einen Blick auf die Resolutionen des Sicherheitsrates zu werfen. Hier findet sich das Prinzip der Schutzverantwortung nämlich zunehmend wieder. Beispielhaft können hierbei die Resolutionen 1325 (2000), 1674 (2006), 1738 (2006), 1814 (2008) sowie kürzlich die Resolutionen 1970 (2011) und 1973 (2011) dienen.

Bereits im Jahr 2000 betonte der Sicherheitsrat „the responsibility of all States to put an end to impunity and to prosecute those responsible for genocide, crimes against humanity, and *war crimes [...]* [66]. In seiner Resolution 1674 bestätigt er gar *„the provisions of paragraphs 138 and 139 of the 2005 World Summit Outcome Document regarding the responsibility to protect populations from genocide, war crimes, ethnic cleansing and crimes against humanity"* [67] und verschafft dem 2005 World Summit Outcome Document, welches weiter unten erklärt wird, somit erstmals Rechtsgültigkeit. Auch die Resolutionen 1738 und 1814 betonen die Schutzverantwortung von Staaten. [68]

Besonders prominent und zeitnah stellen sich die Resolutionen 1970 und 1973 gegen Libyen dar, welche, da sie im Besonderen Aufschluss bieten können, im Folgenden eingehender behandelt werden.

Nachdem die libysche Regierung mit harten, repressiven Maßnahmen auf Protestbewegungen reagiert hatte (unter anderem sollen Demonstranten von der libyschen Luftwaffe bombardiert worden sein [69]), beschloss der Sicherheitsrat der Vereinten Nationen die Resolutionen 1970 und 1973. Die Resolution 1970 erinnert („recalling") die libysche Regierung an ihre *„responsibility to protect its population"* [70] und stellt fest, *„that the widespread and systematic attacks [..] may amount to crimes against humanity"* [71]. Die Resolution 1973 baut darauf auf und betont noch einmal die Schutzverantwortung der libyschen Regierung, verschärft dabei aber die Folgen und autorisiert Mitgliedsstaaten oder Regionalbündnisse, zum Schutze der Zivilbevölkerung auch militärisch tätig zu werden. [72]

Wieder stellt der Sicherheitsrat die Verantwortung Libyens in den Vordergrund. Zusätzlich autorisiert er die Völkergemeinschaft, tätig zu werden. Zwar spricht die Resolution entgegen vorangehenden Resolutionen nicht mehr direkt von einer Schutzverantwortung der Staatengemeinschaft, impliziert dies aber, indem sie die Weltgemeinschaft auffordert, einzugreifen. Als gerechten Grund führt die Resolution Verbrechen gegen die Menschlichkeit an.

---

[66] Zit UN-Doc. S/RES/1325 (2000) S. 3 Nr. 11.
[67] Zit.UN-Doc. S/RES/1674 (2006) S. 2 Nr. 4.
[68] Vgl. UN-Doc. S/RES/1738 (2006) S. 3 Nr. 7; S. 5 Nr. 17.
[69] Zu den Geschehnissen in Libyen siehe http://www.zdf.de/ZDFmediathek/beitrag/video/1289264/Chronologie-der-Ereignisse-in-Libyen.
[70] Vgl. UN-Doc. S/RES/1970 (2011). S. 2.
[71] Zit. ebd. S. 1
[72] Vgl. UN-Doc. S/RES/1973 (2011). S. 1 ff.

Die Arbeitsweise des VN-Sicherheitsrates wendet sich also, zwar verhalten aber doch deutlich, dem Prinzip der Schutzverantwortung zu. Diese Resolutionen sind zwar bindend, schaffen aber keine neuen Rechtsnormen.[73] Durch diese Präzedenzfälle wird aber in enormer Weise das Völkergewohnheitsrecht geprägt.

### 1.4.3. Soft Law

Schließlich fand das Prinzip der Schutzverantwortung Eingang in das einstimmig angenommene *2005 World Summit Outcome* Dokument. Hierbei stellte die Staatengemeinschaft fest, dass die Schutzverantwortung auf drei gleichwertigen Säulen beruhe: Die erste sei die Verantwortung des souveränen Staates, welchem der Schutz vor Genozid, Kriegsverbrechen, ethnischen Säuberungen und Verbrechen gegen die Menschlichkeit gegenüber dem eigenen Volk obläge. Zweitens müsse die Staatengemeinschaft hierbei helfend eingreifen. Die dritte Säule wäre die letztliche Konsequenz, sollten die ersten beiden einbrechen: Der Staatengemeinschaft falle der Schutz der Bevölkerung zu, und sie müsse eingreifen, sobald der betreffende Staat nicht in der Lage oder nicht willens sein sollte, die Sicherheit zu gewährleisten.[74]

Im Jahre 2009 betonte zudem ein Bericht des Generalsekretärs der Vereinten Nationen Ban Ki-moon die Bedeutung der Schutzverantwortung ein weiteres Mal.[75] Diesem Bericht folgten zweieinhalb Tage Debatte in der VN-Generalversammlung, bevor der Bericht von der Generalversammlung allgemein unterstützt wurde.[76]

Als gemeinsames, nun mehrfach bestätigtes Dokument der größten Versammlung von Staatoberhäuptern besitzt dieses Dokument als so genanntes „Soft Law" unzweifelhaft großes politisches Gewicht. Fraglich bleibt aber, inwieweit dadurch auch neues Recht geschaffen wurde.

Erklärend kann hier beispielsweise der Bericht zur Lage im Sudan der High-Level Mission des Human Rights Councils (Dezember 2006) dienen. In diesem Dokument wurde argumentiert, dass sich die sudanesische Regierung neben weiteren Menschenrechtsabkommen und Übereinkommen auch dem Summit Outcome angeschlossen habe und sich daraus die verpflichtende Schutzverantwortung ableite.[77]

---

[73] Vgl. unten Diskussion zur Rechtsgültigkeit von Resolutionen der Generalversammlung
[74] Vgl. UN-Doc. A/RES/60/1 (2005). S. 30 Nr. 138, Nr. 139.
[75] Vgl. UN Doc. A/63/677 (2009).
[76] Vgl. UN Doc. A/63/L.80 (2009).
[77] Vgl. UN Doc. A/HRC/4/80 (2007). S. 9 Nr. 19.

So interpretieren auch einige Völkerrechtler das Dokument als neues Völkerrecht, welches das Prinzip der Schutzverantwortung nun auf die rechtlich bindende Ebene gehoben habe.[78] Dementsprechend äußerte sich auch der ehemalige Berater Kofi Annans, Stephen John Stedman. Er erklärte, dass das Dokument mit der Schutzverantwortung eine neue Norm des Völkerrechts schuf.[79] Diese Ansicht findet jedoch keine überwiegende Unterstützung. So könnten solche Abschlussdokumente per se keine Rechtswirkung entfalten, da es ihnen an rechtlicher Verbindlichkeit fehle. Diese Argumentation basiert vor Allem auf Art. 38 des Statuts des Internationalen Gerichtshofes, wonach Völkerrecht durch Verträge, Gewohnheit und generelle Prinzipien entstehe. Es könnten Resolutionen der Generalversammlung zwar Anschub für politische Entwicklungen sein und somit das Völkergewohnheitsrecht prägen, seien rechtlich aber lediglich Empfehlungen, daher nicht bindend und schafften demzufolge auch kein neues Recht.[80]

Zudem mangele es den Resolutionen an Eindeutigkeit.[81] Probleme bestehen diesbezüglich außerdem in der Frage nach der richtigen Autorität (der ICISS-Bericht betont die Relevanz des UN-Sicherheitsrates, schlägt bei Versagen dessen aber auch Regionalorganisationen als Ersatzautoritäten vor – das Verhältnis beider bleibt dabei unklar[82]) sowie definitorische Unklarheiten.[83]

Trotzdem kann Soft Law die Richtung der rechtlichen Entwicklung andeuten sowie eine aktuelle Interpretation des bestehenden Rechts liefern und darf daher nicht als wirkungslos abgetan werden.

### 1.4.4. Die Sicht der Staaten

Ein Blick auf die Standpunkte der Staaten kann zusätzlichen Aufschluss geben, inwieweit das Prinzip der Schutzverantwortung Akzeptanz findet.

Im Laufe der Debatte um den Bericht des Generalsekretärs von Juli 2009 zeigte sich, dass die größte Unterstützung für das Prinzip der Schutzverantwortung von Ländern der „westlichen Welt" kommt. So zeigten sich die Länder der EU, Australien, Kanada, Island, Japan, Neuseeland und Norwegen als die größten Unterstützer. Als schärfste Kritiker taten sich

---

[78] Vgl. Bannon, Alicia L.: The Responsibility to Protect. In: The Yale Law Journal. Nr. 115. New Haven 2005. S. 1158.
[79] Vgl. Stedman, Stephen John: UN Transformation in an Era of Soft Balancing. In: International Affairs. Nr. 83/5. Hoboken 2007. S. 933 ff.
[80] Vgl. Strauss S. 27.
[81] Vgl. Stahn, Carsten: Responsibility to Protect: Political Rhetoric or Emerging Legal Norm?. In: American Journal of International Law. Band 101 Nr. 1. Washington DC 2007. S 102.
[82] Vgl. Wenzel S. 136.
[83] Siehe unten

18

einige arabische Staaten, Kuba, Iran, Pakistan, Venezuela und Vietnam hervor, welche vor Allem die unverzichtbare Staatensouveränität gefährdet sahen. Andere, wie Malawi, welches als Sprecher für die afrikanischen Staaten agierte, traten der Idee offener gegenüber, äußerten aber Bedenken, dass die internationale Sicherheit und die Schutzverantwortung zum Vorwand für (macht-)politisch motivierte Interventionen werden könne. Wiederum andere Staaten, wie Kolumbien, Indonesien oder Mexiko, vertraten keine konkrete Position und drängten auf weitere Diskussionen. Einige, wie Bulgarien, Chile, Russland oder Tansania, verwiesen auf die Rolle des VN-Sicherheitsrates, der diese Aufgaben erfüllen solle. Das NAM („Non-Aligned Movement") lehnte ein Recht auf Intervention ab und verlangte eine klarere Unterscheidung des Prinzips zu Humanitären Interventionen unter bedeutenderer Betonung des Prinzips der territorialen Integrität und nationalen Souveränität der Staaten. Viele weitere Staaten waren Unterstützer des World Summit Outcomes, welches, wie China argumentierte, bereits eine weise Beschreibung des Konzeptes liefere.[84] Etwa 60 Staaten, so beispielsweise Schweden als Sprecher der Europäischen Union, waren der Ansicht, dass das Konzept der Schutzverantwortung bereits im Völkerrecht verankert sei.[85]

Da sich nun der Verdacht aufdrängt, dass überwiegend Industriestaaten als Unterstützer der Schutzverantwortung und Entwicklungsländer eher als Gegner dieser auftreten, ist vor Allem die Sicht der Entwicklungsländer differenzierter zu betrachten. Tatsächlich lässt sich eine Tendenz zur Ablehnung des Prinzips bei den Staaten feststellen, die selbst Opfer kolonialer Bestrebungen wurden, da diese ihre Rechtfertigungen häufig in humanitären Gründen fanden. So äußerte der Botschafter Ägyptens bei den Vereinten Nationen auf dem World Summit 2005, dass diese „Verantwortung" den starken Ländern erlauben würde, über die schwachen zu richten.[86] Wie oben dargestellt, ist diese Angst in vielen post-kolonialen Ländern verbreitet. Tatsächlich ist sie aber nicht die allein vorherrschende Meinung, denn viele Länder sehen die Schutzverantwortung als notwendig und betonen dabei lediglich, dass stets das Kriterium des gerechten Grundes erfüllt sein müsse. Auch wird die Relevanz des Sicherheitsrates als Entscheidungsgremium herausgestellt.

Des Weiteren verdeutlicht auch die Gründungscharta der Afrikanischen Union, welche gemäß Art. 4 h Interventionen in Fällen von Kriegsverbrechen, Genozid und Verbrechen gegen die

[84] Vgl. Brunée, Jutta; Toope, Stephen J.: The Responsibility to Protect and the Use of Force: Building Legality?. In: Bellamy, Alex J.: The Responsibility to Protect in International Law. Leiden 2010. S. 67 ff.
[85] Vgl. Stellungnahme im Interesse der Europäischen Union von Anders Lidèn, einzusehen unter www.responsibilitytoprotect.org/EU_Sweden_Eng.pdf.
[86] Vgl. Luck, Edward: Sovereignty, Choice, and the Responsibility to Protect. In: Bellamy, Alex J.: The Responsibility to Protect in International Law. Leiden 2010. S. 21.

Menschlichkeit vorschreibt, dass der Souveränitätsgedanke in den Entwicklungsländern nicht ausschließlich das Maß der Dinge ist.

Es wurde aufgezeigt, dass keine weltweite Befürwortung des Prinzips der Schutzverantwortung in der Staatengemeinschaft besteht. Während einige behaupten, dieses Prinzip sei bereits Teil des geltenden Völkerrechts, stößt es bei anderen auf resolute Ablehnung. Trotzdem ist festzustellen, dass die Zahl der Unterstützerstaaten steigt und diese bereits eine klare Mehrheit bilden. Herrschende Ansichten allein können aber nicht als herrschendes Recht gelten[87], daher ist die alleinige Ableitung aus der Staatensicht zweifellos unvollständig.

## 1.4.5. Bestehende Normen als Rechtsgrundlage

Wie oben dargestellt, existiert zudem die Meinung, das Prinzip der Schutzverantwortung sei aufgrund anderer Normen bereits Teil des bestehenden Völkerrechts. Auch in der Literatur findet sich diese Ansicht vereinzelt. Um dies zu prüfen, ist es notwendig, die Schutzverantwortung, wie im *2005 World Summit Outcome* Dokument dargestellt, in die drei Säulen des Prinzips zu unterteilen: die Schutzverantwortung des Staates dem eigenen Volk gegenüber (primäre Schutzverantwortung), die Verantwortung der Staatengemeinschaft, dabei zu unterstützen (sekundäre Schutzverantwortung) und die Schutzverantwortung der Staatengemeinschaft einzugreifen, sollte der betreffende Staat nicht fähig, nicht willens oder selbst der Verursacher der Menschenrechtsverletzungen sein (tertiäre Schutzverantwortung). Hierzu sind auch definitorische Probleme anzusprechen, welche im Folgenden im Zusammenhang mit der ersten Säule erörternd zusammengefasst werden, ihre Wirkkraft aber selbstverständlich auch auf die zweite und dritte Säule entfalten.

### Die primäre Schutzverantwortung

Der einstimmig beschlossene Paragraph 138 des *2005 World Summit Outcome* Dokuments stellt folgendes fest: *„Each individual State has the responsibility to protect its populations from genocide, war crimes, ethnic cleansing and crimes against humanity. This responsibility entails the prevention of such crimes, including their incitement, through appropriate and necessary means. We accept that responsibility and will act in accordance with it."*[88] VN-Generalsekretär Ban Ki-moon stellte daraufhin richtig fest, dass diese Zusage *„remarkable*

---

[87] Vgl. Brunnée, Jutta; Toope, Stephen J.: Legitimacy and Legality in International Law. Cambridge 2010. S. 88 ff

[88] Zit. UN-Doc. A/RES/60/1 (2005) S. 30 Nr. 138

*for its clarity, simplicity and lack of qualifications of caveats"*[89] sei und führt weiter aus, dass diese Verantwortung *„on long standing obligations under International Law"*[90] beruhe. Tatsächlich finden alle vier Verbrechen, auf die sich eine eventuelle Schutzverantwortung gründet (Genozid, Kriegsverbrechen, ethnische Säuberungen und Verbrechen gegen die Menschlichkeit) durch verschiedene Normen ihre Verbote. Der präzise Charakter sowie das Ausmaß der Verpflichtung des Staates sind bei Genozid, Kriegsverbrechen und Verbrechen gegen die Menschlichkeit aber weitaus klarer formuliert als bei ethnischen Säuberungen, welche keine allgemein anerkannte Definition besitzen.

**Genozid**

Die rechtlichen Verantwortungen in Bezug auf Genozid sind weitestgehend klar in der *Konvention über die Verhütung und Bestrafung des Völkermordes* von 1948 festgeschrieben. Diese wurde von 138 Staaten anerkannt und gilt allgemein als jus cogens.[91] Hierbei sind drei Normen von besonderem Interesse: Das Verbot, die Definition und das Gebot zur Verhinderung von Genozid.

Art. 1 wirkt hierbei als Verbot des Genozids sowie als Gebot zur Verhütung und Bestrafung.

Die Definition von Genozid findet sich in Art. 2 der *Konvention über die Verhütung und Bestrafung des Völkermordes* und wurde auch von den Strafgerichtshöfen für das ehemalige Jugoslawien und Ruanda (ICTY, ICTR) und für das *Römische Statut des Internationalen Strafgerichtshofs* (ICC) übernommen. Demnach bezeichnet Genozid das Töten oder schwere Schädigen, das Auferlegen von schädigenden Lebensbedingungen, Maßnahmen zur Geburtenverhinderung sowie die gewaltsame Überführung von Kindern mit dem Ziel eine nationale, ethnische, rassische oder religiöse Gruppe ganz oder teilweise zu zerstören. Hierbei bleiben Einzelheiten aber unklar.[92] So ist vor Allem das Ausmaß nicht geklärt. Vereinzelt findet sich die enge Auslegung – ein Genozid bestünde schon bei der Tötung einer kleinen Zahl von Mitgliedern der verfolgten Gruppe – wie es das Jugoslawien-Tribunal festgestellt hat.[93] Der Internationale Gerichtshof stellt dabei eher auf ein qualitatives Kriterium ab: *„The intent must be to destroy at least a substantial part of the particular group [...] the part*

---

[89] Zit. UN-Doc. A/63/677 (2009) S. 10 Nr. 13
[90] Ebd.
[91] Vgl. Fournet, Caroline: The Crime of Destruction and the Law of Genocide: Their Impact on collective Memory. Aldershot 2007. S. 99.
[92] Für eine ausführliche Darstellung der definitorischen Probleme siehe Shaw, Martin: What is Genocide?. Cambridge 2006.
[93] Vgl. Verlage, Christopher: The Responsibility to Protect. Tübingen 2009. S. 17.

*targeted must be significant enough to have an impact on the group as a whole."*[94] Der ICISS-Bericht spricht dagegen von *„large scale loss of life"*, was wiederum nur eine quantitativ weite Auslegung zulässt.

Auch das Ausmaß der Anstrengungen, welche ein Staat unternehmen muss, um einen Genozid zu verhindern, wird durch die Konvention nicht näher definiert. Klärend kann dabei die Ansicht des Internationalen Gerichtshofes wirken. Dieser erklärte im Fall Bosnien gegen Serbien, dass die Verpflichtung aus Art. 1 gebietet, dass Staaten *„employ all means which are reasonably available to them".*[95] Welches Handeln aber *„reasonably available"* ist, bleibt ungeklärt.

Wenngleich nun also Einzelheiten nicht in vollem Umfang Klärung erfahren, kann die Schutzverantwortung vor Genozid trotzdem klar als jus cogens klassifiziert werden.

**Kriegsverbrechen**

In ähnlicher Weise gebietet das Humanitäre Völkerrecht den Staaten, ihre Bevölkerung vor Kriegsverbrechen zu schützen. Zwar gibt es verschiedene Definitionen von Kriegsverbrechen, die herrschende Meinung aber folgt der Definition aus Art. 8 (2) des Römischen Statuts des Internationalen Gerichtshofes, welche dabei ebenso auf die Genfer Abkommen Bezug nimmt und ebenso als jus cogens angesehen wird. Unter diese Bestimmung fallen unter anderem vorsätzliche Tötung, vorsätzliche Verursachung großer Leiden, vorsätzliche Angriffe auf die Zivilbevölkerung, vorsätzliche Angriffe auf humanitäre Hilfsorganisationen, Angriffe auf unverteidigte Ortschaften, Plünderungen, sexuelle Gewalt, der Gebrauch eines „menschlichen Schildes", vorsätzliches Aushungern, das Zwangsverpflichten und die Verwendung von Kindersoldaten unter 15 Jahren sowie willkürliche Rechtssprechung. Die definitorischen und qualitativen Probleme, die der Begriff *Genozid* aufwirft, bestehen dabei analog auch beim Begriff *Kriegsverbrechen* und werden daher nicht weiter erläutert.

**Ethnische Säuberungen**

Die dritte Gruppe der Verbrechen sind ethnische Säuberungen, welche in keiner Norm eine direkte Erwähnung finden. Die Taten, die aber ethnische Säuberungen nach herrschender Lehre charakterisieren, wie z.B. die gewaltsame Umsiedlung und Tötung von Zivilisten aus

---

[94] Zit. Urteil des IGH vom 26.02 2007 „Application of the Convention on the Prevention and Punishment of the Crime of Genocide" (Bosnien und Herzegowina gegen Serbien und Montenegro) ILM 46 (2007). § 198.
[95] Zit. Bellamy, Alex J.; Reike, Ruben: The Responsibility to protect and International Law. Leiden 2011. S. 91.

ethnischen Gründen, werden durch die entsprechenden Normen zu Kriegsverbrechen und Verbrechen gegen die Menschlichkeit verboten und stellen so ebenso jus cogens dar.[96]

## Verbrechen gegen die Menschlichkeit

Auch gegen Verbrechen gegen die Menschlichkeit existiert keine explizite Norm. Definitorisch bemühte sich erstmals der Internationale Militärgerichtshof zur Bestrafung der Hauptkriegsverbrecher des Zweiten Weltkriegs, indem er in Art. 6 (c) des Londoner Statuts Verbrechen gegen die Menschlichkeit folgendermaßen definiert: *„namely, murder, extermination, enslavement, deportation, and other inhumane acts committed against any civilian population, before or during the war; or persecutions on political, racial or religious grounds in execution of or in connection with any crime within the jurisdiction of the Tribunal, whether or not in violation of the domestic law of the country where perpetrated."* Ähnliche Definitionen finden sich in der *Charta des Internationalen Militärgerichtshofs für den Fernen Osten* (Art. 5 (c)), den *Statuten der Internationalen Strafgerichtshöfe für Jugoslawien* (Art. 5) und *Ruanda* (Art. 3) sowie dem *Römischen Statut* (Art. 7). Die internationale Akzeptanz dieser Einrichtungen verleiht der Definition so Legitimation und macht ihre Verbotsbestimmungen zu jus cogens. Art. 7 des *Römischen Statuts* schlüsselt die Verbrechen vergleichsweise genau auf: Vorsätzliche Tötung, Ausrottung, Versklavung, Vertreibung oder zwangsweise Überführung der Bevölkerung, Freiheitsentzug oder sonstige schwer wiegende Beraubung der körperlichen Freiheit unter Verstoß gegen die Grundregeln des Völkerrechts, Folter, Vergewaltigung, sexuelle Sklaverei, Nötigung zur Prostitution, erzwungene Schwangerschaft, Zwangssterilisation oder jede andere Form sexueller Gewalt von vergleichbarer Schwere, Verfolgung einer identifizierbaren Gruppe aus politischen, rassischen, nationalen, ethnischen, kulturellen oder religiösen Gründen, zwangsweises Verschwindenlassen von Personen; das Verbrechen der Apartheid; andere unmenschliche Handlungen ähnlicher Art, mit denen vorsätzlich große Leiden oder eine schwere Beeinträchtigung der körperlichen Unversehrtheit oder der geistigen oder körperlichen Gesundheit verursacht werden.

Wie gezeigt wurde, ist die primäre Schutzverantwortung gegen die angeführten Verbrechen also durch die Einbettung der betreffenden Verbrechen in internationale Normen bereits anerkanntes Völkerrecht und nach ganz herrschender Meinung auch jus cogens.

---

[96] Vgl. Ebd. S. 92.

## Die sekundäre Schutzverantwortung

Die zweite Säule des Prinzips der Schutzverantwortung findet sich in den Paragraphen 138 und 139 des *2005 World Summit Outcome* Dokuments. Nach der Interpretation des VN-Generalsekretärs beinhaltet diese Säule vier Elemente: die Ermunterung („encourage") für Staaten, ihren primären Schutzverantwortungen nachzukommen, die Hilfe („assist") ihnen nachzukommen, die Hilfe, entsprechende Möglichkeiten zu schaffen („capacity building") sowie die Hilfe zur Krisenprävention.[97]

Zwar geben bereits einige der oben genannte Normen, wie die *Konvention über die Verhütung und Bestrafung des Völkermordes,* Verpflichtungen zur Ermunterung und Hilfe zur Verhinderung von etwaigen Verbrechen vor, aber diese Verpflichtungen sind weitaus weniger genau definiert als jene, die sich aus der primären Schutzverantwortung ergeben. Helfend kann hier das Urteil des Internationalen Strafgerichtshofs im Fall Bosnien gegen Serbien sein: Der Gerichtshof stellte darin fest, dass Serbien politischen, militärischen und finanziellen Einfluss auf die serbische Armee Bosniens, ebenso wie genügende Informationen über das Potential eines Genozides in Srebrenica hatte und keine Schritte unternahm, um den Genozid zu verhindern.[98] Auch gebietet das Humanitäre Völkerrecht gemäß Art. 1 der vier *Genfer Konventionen* von 1949 neben seiner Einhaltung auch die Durchsetzung in anderen Staaten. Zwar ist das Ausmaß der Verpflichtung zur Durchsetzung in anderen Staaten unklar, die herrschende Meinung spricht aber immerhin von einer Pflicht, alle nicht-militärischen Mittel einzusetzen.[99]

Politische Wirkkraft entfaltete das Prinzip der sekundären Schutzverantwortung signifikant 2007 in Kenia, als nach den Wahlen fast 700 Menschen getötet und etwa 250 000 vertrieben wurden. Der VN-Beauftragte für die Verhütung von Genozid Francis Deng wies die kenianische Regierung ausdrücklich auf ihre Schutzverantwortung hin, welche sich aus der Mitgliedschaft beim Internationalen Strafgerichtshofes ergebe.[100]

Die einhellige Meinung in der Literatur sowie die Rechtssprechung, vor Allem aber die Verpflichtungen aus dem Humanitären Völkerrecht lassen daher kaum einen Zweifel an der Verbindlichkeit der sekundären Schutzverantwortung zu.

---

[97] Vgl. UN-Doc. A/63/677 (2009). S. 15 Nr. 28
[98] Vgl. Urteil des Internationalen Strafgerichtshofs *Bosnia-Herzegovina vs. Serbia-Montenegro.* S. 219 Nr. 425.
[99] Vgl. Vgl. Bellamy S. 95 f.
[100] Vgl. Bummel, Andreas: Souveränität verpflichtet: Die neue Schutzverantwortung der Staaten. In: Pogrom: bedrohte Völker. Band 39 Heft 3. Göttingen 2008. S. 63.

## Die tertiäre Schutzverantwortung

Unbestritten ergeben sich die größten legitimatorischen Probleme in der Frage, ob eine Verpflichtung zum Eingreifen – in seiner letzten Konsequenz mit militärischen Mitteln – existiert. Wie bereits erläutert, geht es hierbei nicht um ein **Recht**, sondern um eine **Pflicht** zum Eingreifen, sollte der betroffene Staat nicht fähig oder willens sein, die oben geschilderten Verbrechen zu verhindern.

Dass einzelne Staaten diese Verpflichtung hätten, findet ganz überwiegend Verneinung. Die International Law Commission spricht aber in ihrem *Draft Article on the Responsibility of States for Internationally Wrongful Acts* davon, dass es eine Verpflichtung zur Kooperation in oben geschilderten Fällen gebe.[101] Diese Empfehlung stellt aber kein neues Recht dar, und die in der Literatur vorherrschende Meinung verneint Verpflichtungen einzelner Staaten.[102]

Wie oben bereits geschildert, sprechen die *Genfer Konvention* sowie die *Konvention zur Verhinderung von Völkermord* von einer Pflicht, entsprechende Verbrechen zu verhindern und zu bestrafen. Fraglich ist aber, ob diese Verpflichtung zu einer eventuellen militärischen Intervention verpflichten kann. Gestützt wird diese These durch das Verhalten der USA im Ruanda-Konflikt von 1994. Hierbei erklärten die USA den Nichtgebrauch des Begriffes „Genozid" damit, dass dieser Begriff *„obligations which arise in connection with that term"[103]* zur Folge hätte. Auch im Falle des Bosnienkrieges argumentierte Malaysia, dass die Mitglieder des Sicherheitsrates mit ihrem Nicht-Eingreifen ihren Verpflichtungen, welche sich aus der Genozid-Konvention ergeben, verletzt hätten.[104] Andererseits sprachen die USA in Bezug auf die Krise in Darfur davon, dass allein aus dem Begriff des Genozids keine rechtlichen Pflichten entstünden. So gäbe der Wortlaut der entsprechenden Konventionen keinen Raum für eine solch weite Auslegung.[105]

Neues Licht fiel auf die Diskussion durch das bereits erwähnte Urteil des Internationalen Strafgerichtshofes im Fall Bosnien gegen Serbien. Hierbei stellte das Gericht fest, dass Serbien seine Verantwortung, den Genozid zu verhindern, verletzt hatte. So müssten Staaten alle Mittel, die ihnen vernünftigerweise zur Verfügung stehen („reasonably available"), einsetzen, um einen Genozid zu verhindern.[106] Fraglich ist, welche Mittel vernünftigerweise verfügbar sind. Zweifellos kann diese Norm nicht zu unilateralen, militärischen Interventionen verpflichten, zumal weiterhin der ius ad bellum gemäß der Charta der

---

[101] Vgl. ILC: Draft Articles on the Responsibility of States for Internationally Wrongful Acts.
[102] Vgl. Bellamy S. 97.
[103] Zit. Schabas, William: Genocide in International Law: The Crime of Crimes. Cambridge 2000. S. 495.
[104] Vgl. ebd. S. 492.
[105] Vgl. Bellamy S. 98
[106] Vgl. ebd.

Vereinten Nationen erfüllt sein müsste. Sie könnte aber die Anstrengung gebieten, diese im Rahmen einer Resolution des VN-Sicherheitsrates zu erzwingen. Dies gilt im Besonderen für dessen ständige Mitglieder. Diese haben als größte Wirtschaftsmächte nicht nur die rechtliche Entscheidungsmacht, sondern ebenso die militärischen Kapazitäten, tätig zu werden. Es ließe sich also argumentieren, dass sich aus dieser Machtfülle gemäß dem Urteil des Internationalen Strafgerichtshofes eine Verpflichtung des Sicherheitsrates ergebe, auch militärische Maßnahmen zu ergreifen, um die betreffenden Verbrechen zu verhindern.

Die Ableitung der tertiären Schutzverantwortung aus bestehenden Normen scheint nur sehr schwer möglich. Zwar ließen sich einzelne Wortlaute der genannten Normen entsprechend deuten, eine klare Feststellung des Prinzips muss aber wohl verneint werden.

## 1.5. Eine Pflicht zur Intervention?

Die Diskussion, ob eine Schutzverantwortung im Völkerrecht existiert, wird seit Jahren von Menschenrechtsgruppen sowie anderen Nichtregierungsorganisationen, der Staatengemeinschaft und nicht zuletzt der Rechtswissenschaft lebhaft geführt und steht wohl lange noch nicht vor einem abschließenden Urteil. Zwar verneinen viele Staaten und auch Rechtswissenschaftler die Rechtswirkung des Prinzips resolut, aber es bleibt fraglich, ob eine solche strikte Ablehnung überhaupt erfolgen kann. Um ein möglichst differenziertes Bild der Lage zu erhalten, war es zweckdienlich, die wichtigsten Aspekte und Ansichten des Diskurses darzustellen.

Dabei ist es auffallend, dass keiner der dargestellten Aspekte das Prinzip klar verneint. Zwar lässt sich aus dem Völkergewohnheitsrecht, wie gezeigt wurde, keine Pflicht zur Intervention ableiten, sehr wohl aber die Tendenz, für Menschenrechte auch militärisch zu intervenieren. Besonders die letzten 20 Jahre waren Geburtsstunde vieler Humanitärer Interventionen. Die aufgezeigten Beispiele, in denen eine Intervention wohl notwendig gewesen wäre, die aber keine Handlungen der Staatengemeinschaft nach sich zogen, stellen dabei eindeutig klar, dass der Schritt zur Pflicht nicht gegangen wurde. Besonders der Kosovo-Konflikt zeigt hierbei, dass einige der Staaten gar einen eindeutigen Rechtsbruch in Kauf nehmen, um die Bevölkerung zu schützen. Freilich ergibt sich daraus keine rechtliche Pflicht für andere Staaten, das Klima der Internationalen Beziehungen aber wird entsprechend geprägt.

Dazu kommt die sich wandelnde Arbeitsweise des VN-Sicherheitsrates, welcher, wie in 1.4.2. gezeigt wurde, zunehmend auch die tertiäre Staatenverantwortung betont. Politisch eindrucksvoll, wenn auch nicht rechtlich bindend, werden diese Resolutionen durch Soft Law der Vereinten Nationen flankiert: Das *2005 World Summit Outcome* Dokument sowie die breit unterstützte Initiative von VN-Generalsekretär Ban Ki-moon hoben das Prinzip auf die internationale Bühne und bilden bereits die Basis für einige Entscheidungen auf dieser Ebene. Zudem prägt und äußert Soft Law zweifellos die opinio juris vieler Staaten. Wie in 1.4.5. dargestellt wurde, findet sich bereits eine klare Mehrheit, die das Prinzip unterstützt und eine Minderheit, die es sogar bereits als bestehendes Völkerrecht anerkennt.

Letztendlich fußen die ersten beiden Säulen, wie in 1.4.6. dargestellt, eindeutig auf bestehendem Recht – das Prinzip der Schutzverantwortung macht hierbei lediglich explizit, was das Völkerrecht sowieso vorgibt. Schwieriger stellt es sich bei der tertiären Schutzverantwortung dar, denn hier lässt lediglich eine sehr weite Auslegung des bestehenden Rechts das gleiche Urteil zu.

Die vertretene Meinung, es sei gefährlich, das Prinzip der Schutzverantwortung zu unterstützen, da es das Jahrhunderte währende Prinzip der Staatensouveränität durchlöchere[107], ist nicht zu Ende gedacht: Bereits das etablierte Prinzip der Humanitären Intervention untergräbt die Staatensouveränität. Zudem sind die Grenzen der Schutzverantwortung, besonders die ausschließliche Anwendung bei den oben aufgeführten schweren Menschenrechtsverletzungen, sehr eng, sodass Missbrauch zwar nicht ausgeschlossen werden kann, aber doch erschwert wird. Auch ist das Prinzip der Schutzverantwortung nur eine Fortführung der bereits seit Ende des Zweiten Weltkrieges vorhandenen Entwicklung, dass der Menschenrechtsschutz ein höheres Gut als die Staatensouveränität repräsentiert und gemäß Hobbes die Souveränität des Staates an der des Individuums endet.

Tatsächlich ist also in Bezug auf die Schutzverantwortung der Blick auf das Zusammenspiel verschiedener Normen und Entscheidungen zu werfen. Besonders die Bekenntnisse der Generalversammlung, der Wortlaut vereinzelter Resolutionen des Sicherheitsrates sowie die oben angeführten, bestehenden Normen verstärken gegenseitig ihre Wirkung. So ist die strikte Ablehnung des Prinzips kaum haltbar, vielmehr ist zu beachten, wie langsame Prozesse letztendlich rechtsbindende Normen hervorbringen. So spricht vieles für die progressive Lesart einiger Völkerrechtler. Das Prinzip der Schutzverantwortung im Völkerrecht bei schweren Menschenrechtsverbrechen, namentlich bei Genozid, Kriegsverbrechen, ethnischen Säuberungen und Verbrechen gegen die Menschlichkeit, kann somit als bestehendes Völkerrecht angesehen werden.

---

[107] Vgl. ebd. S. 82

## 2. Der Zweite Kongokrieg

Um verstehen zu können, wie in einem rohstoffreichen, großen Land wie Kongo der zweitblutigste Krieg der Weltgeschichte ausbrechen konnte, ist ein Blick auf die historische Entwicklung dieses künstlichen Konstrukts „Kongo" notwendig, denn, wie dies häufig in den Medien geschieht, die Gründe nur auf ethnische Konflikte und Rohstoffausbeutung zu beschränken, ist zu einfach und hat wenig mit der Wirklichkeit zu tun. Zudem ist eine überblicksartige Darstellung zum Kongo bei der weiteren Betrachtung hilfreich.

In der folgenden geschichtlichen Darstellung wird besonderer Wert auf die Region Kivu gelegt, welche, wie gezeigt wird, nicht nur Ausgangsort des Ersten Kongokrieges war, sondern auch nach wie vor der lodernde Konfliktherd Kongos ist. [108]

## 2.1. Länderstudie Kongo[109]

Die Demokratische Republik Kongo ist mit einer Ausdehnung von 2 344 855 km² der drittgrößte Staat Afrikas und entspricht somit in etwa der Größe Westeuropas. Große Teile des Landes sind schwach bevölkert und infrastrukturell kaum erschlossen. Durch die schlechte Infrastruktur sind die großen Städte des Landes überwiegend nur auf dem Luftweg miteinander verbunden und unterhalten so und durch ihre Grenznähe häufig engere

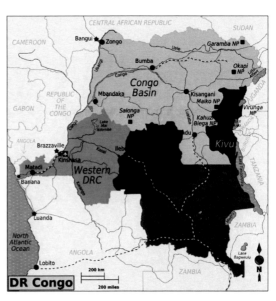

Beziehungen zu den Nachbarstaaten als zum Rest des Landes. Kongo hat etwa 65 Millionen Einwohner[110], von denen acht bis zehn Millionen in der und um die Hauptstadt Kinshasa leben, welche eine der ärmsten Metropolen der Welt ist. Zudem hat Kongo mit einer Populationszunahme von 3,8 % pro Jahr ein enormes Bevölkerungswachstum.[111] Etwa 20

---

[108] Vgl. Autesserre, Séverine: The Trouble with the Congo. Cambridge 2010. S. 68 ff.
[109] Bildquelle: http://www.weltkarte.com/typo3temp/pics/9a5464a4c1.png.
[110] Vgl. http://www.auswaertiges-amt.de/DE/Aussenpolitik/Laender/Laenderinfos/01-Nodes_Uebersichtsseiten/KongoDemokratischeRepublik_node.html.
[111] Zur Bevölkerungszahl finden sich unterschiedliche Angaben, hier aus: Der Fischer Weltalmanach 2010. Frankfurt am Main 2009.

Millionen Menschen leben in den Grenzgebieten zu Uganda, Ruanda und Burundi, d.h. in der Region Kivu. Dazu kommen städtische Ballungszentren in den wirtschaftlich wichtigen Gebieten: dem Kupfergürtel in Katanga, dem Diamantenrevier um Mbuji-Mayi und Kisangani als Handelszentrum am oberen Ende des schiffbaren Kongo-Flusses, welcher im Süden nach Kinshasa führt.[112]

Rund 60 % des Landes nimmt das Kongobecken ein, welches zum überwiegenden Teil (etwa 1 Mio. km²) von dichtem Regenwald geprägt und daher für eine Besiedlung nur bedingt geeignet und auch nur auf dem Flussweg zu durchqueren ist. Der Kongo-Fluss ist dabei mit 4 700 Kilometern der zweitgrößte Fluss Afrikas, gemessen an seiner Wassermenge gar der zweitgrößte der Welt. Durch unzählige Stromschnellen und Wasserfälle ist er aber nur eingeschränkt schiffbar. Dabei verfügt der Fluss über ein riesiges hydroelektrisches Potenzial, welches reichen könnte, um weite Teile Afrikas mit Strom zu versorgen.[113]

Die Wirtschaftsstruktur basiert vordergründig auf dem enormen Rohstoffreichtum des Landes. So finden sich in der Region Katanga riesige Vorkommen von Kupfer und Kobalt, in Kasai und Kivu Diamanten und in Kivu und Ituri Coltan, Zinn und Gold. Zudem gibt es Erdölvorkommen an der 40 km langen Atlantikküste sowie Erdgasvorkommen in Kivu.[114]

Durch die Misswirtschaft des Mobutu-Regimes und den folgenden Kriegen ist Kongo auf den vorletzten Platz des Human Development Index zurückgefallen. Jedes fünfte Kind stirbt während der ersten fünf Lebensjahre, die durchschnittliche Lebenserwartung liegt bei 48 Jahren (zum Vergleich: Deutschland 80 Jahre, Uganda 54 Jahre).[115]

## 2.2. Die Geschichte Kongos

Wie bei fast allen afrikanischen Staaten ist auch die Existenz des Staates Kongo ein europäisches Werk. Eine gemeinsame Geschichte des Landes ist eine europäische Fantasie. Im Folgenden wird die geschichtliche Darstellung, stets unter der genaueren Beachtung Kivus, in die Epochen der Kolonialzeit, die Zeit von Mobutus Kleptokratie, den Sturz Mobutus und die Zeit des Zweiten Kongokriegs untergliedert.

## 2.2.1 Kongo als belgische Kolonie

Erste Kontakte von Europäern mit Kongolesen gab es am Ende des 15. Jahrhunderts, woraus ein christliches Königreich vom Norden des heutigen Angolas bis zum heutigen Kinshasa

---

[112] Vgl. Johnson, Dominic: Kongo: Kriege, Korruption und die Kunst des Überlebens. Frankfurt am Main 2008. 11 f.
[113] Vgl. Hofmaier, Rolf; Mehler, Andreas (Hrsg.): Kleines Afrika-Lexikon. Bonn 2005. S. 63.
[114] Vgl. ebd. S. 63.
[115] Vgl. http://hdrstats.undp.org/en/countries/profiles/COD.html.

entstand. Die Portugiesen kolonisierten Kongo dabei nicht, sondern machten es zu einem Wirtschaftspartner. Nach dem späteren Zerfall des Königreichs Kongo zogen sich die Portugiesen zurück.[116]

In dieser Zeit waren Kenntnisse über das Innere des afrikanischen Kontinents in Europa nicht vorhanden – der Kongo-Fluss entsprang laut zeitgenössischen Karten in Angola und im Herzen Afrikas lag ein riesiger See namens Unyamwesi, welcher etwa hundertmal so groß war wie der Tanganyika-See. Auf der Suche nach den Nilquellen, die für den europäischen Handel interessant waren, entsandten europäische Großmächte Expeditionen nach Kongo. Durch die Expeditionen David Livingstons[117] und Henry Morton Stanleys erhellte sich das Bild über Zentralafrika.[118]

König Leopold II. von Belgien entwickelte ein starkes Interesse für das Land und rief sich infolge der Kongo-Konferenz im Winter 1884/1885 in Berlin zum Souverän des Freistaates Kongos („État Indépendant du Congo") aus, wobei die genaue Grenzziehung vorerst weiterer Kenntnisse und Verhandlungen mit anderen Kolonialmächten bedurfte.[119]

Auf einen Krieg gegen Araber aus Sansibar, welche das Gebiet Kongos als Einflusssphäre für Raubzüge und Sklavenhandel nutzten[120], folgten einige wenige Auseinandersetzungen mit den afrikanischen Königreichen der zentralafrikanischen Savanne. Diese mussten sich allesamt innerhalb kürzester Zeit dem europäischen Ansturm geschlagen geben, wurden in das neue Kolonialreich eingebunden und kämpften und siegten schließlich an der Seite der Belgier gegen den imperialen Anspruch des Sultanats Sansibar.[121]

Die Herrschaft der Belgier war absolut und profitorientiert. Zu diesem Zweck wurde die Infrastruktur innerhalb kurzer Zeit ausgebaut und alle bestehenden Strukturen vernichtet. Zur Umsetzung riesiger Straßen- und Schienenbauprojekte wurden tausende Menschen zwangsverpflichtet. Die meisten fanden bei der Arbeit den Tod. Zum Schutz der Bauvorhaben und Handelsposten wurde eine Armee aus Einheimischen, die Force Publique (FP), gegründet, welche Aufstände niederschlagen und Erträge eintreiben sollte. Die Brutalität dieser Einheit gegenüber der Bevölkerung wurde zudem noch dadurch verstärkt, dass die FP sich selbst

---

[116] Vgl. Ludermann, Bernd: Fluch des Reichtums. In: Kongo. Weltmission heute Nr. 55. Hamburg 2004. S. 16 ff.
[117] Hierbei bieten die Reisetagebücher Livingstons einen tiefen Einblick in die europäische Sichtweise des Landes jener Zeit.
[118] Vgl. Johnson S. 17.
[119] Vgl. ebd. S. 18 f.
[120] Zu dem verheerenden Sklavenhandel in Zentralafrika im 18. Jahrhundert siehe: Iliffe, John: Geschichte Afrikas. München 1997. S. 176 f.
[121] Vgl. Johnson S. 20

versorgen musste, was sie zu ständigem Diebstahl und Raub von Lebensmitteln zwang. Diese Vorgehensweise ist noch heute der kongolesischen Armee eigen.[122]

Das komplette Staatsgebiet war Privatbesitz des belgischen Königs, welcher an verschiedene Firmen Konzessionen vergab und so eine Verschmelzung zwischen privaten Unternehmen und Staat erzeugte. Dies bot später den willkommenen Nährboden für die ausufernde Korruption. Anfänglich bildete noch die Kautschukgewinnung den lukrativsten Wirtschaftszweig, mit der Zeit wurde sie aber vom Bergbau abgelöst.[123]

1908 ging der Freistaat Kongo an den belgischen Staat über – die Kolonie Belgisch-Kongo entstand und damit der Wille, ein geeintes Land, nicht nur eine Fläche für Unternehmen, zu schaffen. Die Einheimischen kamen dabei nur als Arbeitskräfte, nicht aber als Bürger vor: Sie waren zwar Kongolesen, verloren damit ihre bisherigen ethnischen Zugehörigkeiten, erhielten aber keinerlei Rechte. Kein anderes Kolonialsystem der Welt hat die einheimische Bevölkerung so lange komplett von den angeblichen Segnungen der eigenen Zivilisation ausgeschlossen.[124]

Der Bergbau blieb Kern der kongolesischen Wirtschaft, hierbei ganz vordergründig der Kupfer- und ab 1913 auch der Diamantenabbau. Diese Profite kamen nicht nur allein den Belgiern zu Gute, es war den Kongolesen sogar bei strengsten Strafen verboten, Edelsteine und Metalle zu fördern, zu besitzen oder nur zu transportieren. .[125]

Die Infrastruktur war weitaus besser ausgebaut als es heutzutage noch der Fall ist – ein dichtes Straßennetz ermöglichte eine große Mobilität, die Anbaumethoden in der Landwirtschaft waren streng geregelt, und auch der Staat war weitaus präsenter als in der Gegenwart. Zur Vereinfachung und Kontrolle klassifizierte die belgische Verwaltung die mannigfachen Völker in verschiedene Ethnien, welche sie teilweise selbst erfand, und setzte ihnen „traditionelle" Herrscher vor, welche zwar rechtlos gegenüber den Belgiern, aber mit vielen Rechten gegenüber den Kongolesen ausgestattet waren.[126]

Bis in die Fünfzigerjahre des vergangenen Jahrhunderts entwickelte Belgien, dank des großen Ressourcenreichtums, nach eigenen Angaben eine der modernsten Kolonien Afrikas. Tatsächlich waren der Anteil der Lohnarbeiter und die Industrialisierung des Landes überdurchschnittlich hoch und etwa auf dem Niveau von Südafrika.[127]

---

[122] Vgl. Ludermann S.20 ff.
[123] Vgl. Johnson S. 21ff
[124] Vgl. ebd. S. 25
[125] Vgl. ebd. S. 26
[126] Vgl. ebd. S. 28
[127] Vgl. ebd. S. 29

Mit der sich erhöhenden Zahl an Abgängern von Missionsschulen wurde der stetige Ausschluss der Bevölkerung von sämtlicher Teilhabe zunehmend schwieriger, und so versuchte die belgische Verwaltung durch spezielle Pässe, welche geringe Rechte zusprachen, Teile der Bevölkerung ruhig zu stellen. Diese „Bürgerverdienstausweise" konnten sich aber kaum durchsetzen, da sie nur sehr geringe Privilegien gewährten.

Das 1958 gewährte Recht zur Bildung von Parteien, ließ das belgische Kolonialsystem in Kongo schließlich zusammenbrechen.[128]

Die Aufteilung Afrikas zwischen den europäischen Mächten, welche lokale Gegebenheiten und insbesondere ethnische Aspekte ignorierte, führte auch in Kongo zu einem willkürlich zusammengesetzten Konstrukt. Zudem schufen Sklavenhandel und die auf Gewalt basierende Herrschaft der Belgier ein Klima, welches Gewalt normalisierte und bis heute das Leben in Kongo prägt.[129] Die sich aus dieser „Erblast" ergebende moralische Verantwortung kann leider keinen Eingang in diese Arbeit finden.[130]

## 2.2.2. Die Region Kivu im belgischen Kolonialsystem

Die Kivu-Region im Osten Kongos ist landschaftlich kontrastreich. Tieflandsavannen und grünes Hochland wechseln sich ab. Mit der östlicher gelegenen Region der Großen Afrikanischen Seen blickt das Gebiet auf eine gemeinsame Geschichte von Königstraditionen zurück. Von den Königreichen Ruanda und Uganda aus wurde Kivu von Osten her besiedelt. Im nördlichen Teil, an der Grenze zu Uganda, lebt vor Allem das Volk der Nande. Die nördlichen Hänge des Kivu-Sees wurden aus Ruanda durch das Volk der Banyarwanda bevölkert. Weiter südwestlich ließen sich weitere Ruander nieder, die Banyamulenge. Neben diesen größeren Völkern gibt es weitere kleinere, wie die Shi, Vira oder Fulero.

Die aus Ruanda kommenden Völker wiesen ein ausgereiftes gesellschaftliches Gleichgewicht auf: Die Mehrheit der Bevölkerung waren Hutu – Bauern und kleine Viehzüchter – während ein kleinerer Teil der Bevölkerung – mächtigere Viehzüchter – als Tutsi bezeichnet wurden. Es handelte sich hierbei also vielmehr um „Stände" als um Ethnien. Erst die belgischen Eroberer teilten Tutsi und Hutu in unterschiedliche „Rassen" ein, wobei die Tutsi die herrschende und überlegene darstellen sollte. Mitte des 19. Jahrhunderts förderte Belgien gezielt die Ansiedlung von Ruandern, meist Hutu, in Ost-Kongo und brachte so die lokalen Gleichgewichte durcheinander. Diese Entwicklung wurde durch eine Flüchtlingswelle ab

---

[128] Vgl. ebd. 29 f.
[129] Vgl. Autessere S. 74 ff.
[130] Siehe hierzu Tetzlaff, Rainer: „Failing States" in Afrika. In: Band 55. Bielefeld 2000. S. 8-16.

1959, als das Tutsi-Königreich in Ruanda unterging und Ruanda 1961 zur Republik unter Hutu-Herrschaft wurde, noch verstärkt. Etwa 110 000 Tutsi suchten damals in Kivu Schutz. Die Region befand sich seither im Bürgerkrieg, welcher erst durch Mobutus Putsch sein abruptes Ende fand.[131]

## 2.2.3 Die Unabhängigkeit Kongos

1958 gründete sich die Gruppierung „Mouvement National Congolais" (MNC), welche bald darauf von Patrice Lumumba übernommen wurde und sich im Zuge schwerer Unruhen Anfang 1959 zur entscheidenden Kraft der Unabhängigkeitsbewegung in Kongo entwickelte. Im Herbst 1959 versprach der belgische Kongo-Minister nach vielen Toten bei einer niedergeschlagenen Demonstration die Unabhängigkeit Kongos innerhalb von vier Jahren. Es folgten Verhandlungen mit den führenden einheimischen Politikern und Parlamentswahlen, in denen die MNC als stärkste Partei hervorging – Lumumba wurde überstürzt Premierminister und innerhalb kürzester Zeit entstand ein vollständig neuer Staat.[132]

Während in anderen Staaten die alten Verwaltungsstrukturen häufig beibehalten wurden, lösten sich in Kongo sämtliche staatliche Stellen mit dem Tag der Unabhängig auf. Die einheimische Regierung verfügte über keine Kader und keine Expertise, Kongos Weiße weigerten sich, einer kongolesischen Regierung zu dienen. Dem schlossen sich die Militärs und Kader des Bergbaus an – die Folgen waren katastrophal: die FP meuterte 1960, ging zu Übergriffen auf die etwa 100 000 Weißen in Kongo über und stürzte das Land auf diese Weise schon kurze Zeit nach der Unabhängigkeit in den Bürgerkrieg. Lumumbas Kongo stand diesen Entwicklungen ohne militärische, administrative oder ökonomische Hoheit völlig machtlos gegenüber. Belgien nutzte die Unruhen und entsandte Truppen nach Leopoldville, nachdem sich die Region Katanga für unabhängig erklärt hatte. Die kongolesische Regierung erbat erfolglos militärische Unterstützung bei den USA und der Sowjetunion und drängte auf eine VN-Militärintervention, welche mit der Landung von 4 000 Soldaten im Juli in Leopoldville begann. Die Belgier zogen sich zurück. Währenddessen zerbrach die Regierung Kongos und im September putschte Armeechef Joséph-Desiré Mobutu und setzte alle Regierungsmitglieder ab. Kurz darauf wurde Lumumba inhaftiert und bei seiner Flucht von kongolesischen Soldaten hingerichtet.[133]

Es entbrannten Gefechte zwischen Mobutus Kräften, den Sezessionsbewegungen Katangas und den Lumumbisten unter der Führung des ehemaligen Vizepremiers Antoine Gizenga. Die

---

[131] Vgl. ebd. S. 59 ff.
[132] Vgl. ebd. S. 30 f.
[133] Vgl. ebd. S. 31 f.

internationale Gemeinschaft verfolgte vor Allem die Strategie, die Sezession Katangas zu verhindern, zerschlug die Bewegung mithilfe der VN-Truppen und zwang ihre Führung in eine Einheitsregierung. Währenddessen eroberten die lumumbistischen Rebellen große Teile Ostkongos und riefen die Volksrepublik Kongo aus – Kongo wurde nun zur Frontlinie des Kalten Krieges und zum Spielball der Supermächte. Mit brutalsten Mitteln, weißen Söldnertrupps und wahrscheinlich auch mit der Unterstützung der USA schlugen die Kräfte der Zentralregierung innerhalb kürzester Zeit die Lumumbisten zurück und besiegelten somit das Ende der Volksrepublik Kongo. Nachdem alle Aufständischen niedergeworfen waren, putschte Mobutu ein zweites Mal am 24. November 1965 und errichtete eine 32 Jahre währende pro-westliche Diktatur.[134]

## 2.2.4. Mobutus Kongo: Zaire

Unter Mobutu entwickelte sich Kongo zu einer der größten und langlebigsten Kleptokratien des 20. Jahrhunderts. Durch die pro forma Verstaatlichung des Bergbaus (welcher bis zu 50 % der Staatseinnahmen erwirtschaftete) und die Etablierung des Einparteienstaates erschien es, als habe Kongo die belgische Herrschaft endlich abgeschüttelt. Zudem erfreute sich das Land eines stetigen Wirtschaftswachstums von bis zu 10 % per anno, was die Verwirklichung von megamanischen Bauprojekten ermöglichte und das Land industrialisieren sollte. Zwar waren diese Projekte größtenteils unwirtschaftlich, füllten aber die Privatschatulle Mobutus, welcher angeblich 7 % Provision für jedes große Bauvorhaben erhielt.[135]

Kulturell versuchte das Mobutu-Regime, alle alten Fesseln abzuwerfen. So wurden Mode, Städtenamen, Anreden, Personennamen, die Flagge usw. „entbelgisiert" und stattdessen „zairianisiert" – an der Spitze dieses Prozesses stand die Umbenennung der Währung, des Flusses und des Staates in „Zaïre".[136]

Das Regime verteidigte sich nach innen mit mehreren ausgebauten Geheimdiensten, welche jede oppositionelle Bewegung blutig niederschlugen und sich zusätzlich untereinander bekämpften. Zudem bildete Mobutu Spezialkommandos, die landesweit als Todesschwadrone gefürchtet waren.[137]

Im Zuge einer umfangreichen Verstaatlichung von Firmen wurden Regimetreue zu Betriebsverwaltern, welche keinen Gesetzen, sondern nur der Staatsspitze verpflichtet waren. Damit setzte der ökonomische Verfall ein: Die Ressourcen wurden geplündert, weitere

---

[134] Vgl. ebd. S. 32 ff.
[135] Vgl. ebd. S. 41 ff.
[136] Vgl. ebd. S. 44 f.
[137] Vgl. ebd. S. 43 f.

Investitionen blieben aus und die Bereicherung zahlreicher Mittelsmänner wurde durch die undurchsichtige Wirtschaftsstruktur zum großen Geschäft. Dazu kam der starke Fall der Rohstoffpreise in den Siebzigerjahren. Dem begegnete Mobutu mit noch mehr Korruption. Staatseinnahmen betrachtete er fortan zu allererst als seinen persönlichen Gewinn. Reichte das Geld dabei nicht aus, wurde neues gedruckt, was zwangsläufig zu einer Hyperinflation führte.[138]

Währenddessen wurden originäre Staatsaufgaben in Infrastruktur und sozialen Dienstleistungen beinahe komplett eingestellt, und die von vornherein wenig rechtsstaatliche Justiz wurde ebenfalls immer korrupter.[139]

Dies alles riss das Land in den Ruin: Das BIP pro Kopf sank zwischen 1980 und 1987 von 434 auf 150 US-Dollar, gleichzeitig stieg dabei der Anteil des Präsidentenetats an den Staatsausgaben bis 1992 auf skandalöse 95 %. Ende der Achtzigerjahre regte sich erstmals verstärkt Protest gegen das kleptopkratische System, welcher aber sogleich mithilfe von Geheimdienst und Präsidialgarde blutig niedergeschlagen wurde.[140]

Nach dem Ende des Kalten Krieges verlor Zaire zudem seine wichtige strategische Stellung im Ost-West-Konflikt und so die bedingungslose Unterstützung des Westens. Mobutu reagierte und kündigte die Einführung des politischen Pluralismus, der Gewaltenteilung, die Einsetzung einer neuen Regierung und seinen eigenen Rücktritt als Parteivorsitzender an. Die dabei von Mobutu gesetzten Fristen regten Unmut in der Opposition, und so kam es im Mai 1990 zu einem Massaker an protestierenden Studenten in Lubumbashi. Nach langen Machtspielen schaffte es die einberufene Nationalkonferenz, eine Übergangsregierung zu berufen, die den Weg zu Wahlen ebnen sollte: mit dem Oppositionsführer Tshisekedi als Premierminister neben Mobutu. Die beiden zerstritten sich aber bereits nach wenigen Tagen, und es kam zu blutigen Zusammenstößen zwischen Tshisekedis Anhängern und der Präsidialgarde Mobutus – die Demokratisierung wurde im Blut ertränkt. Mobutu machte sich daraufhin selbst auf, Wahlen zu organisieren, welche immer wieder verschoben wurden und letztmalig für 1997 angesetzt wurden. Zu diesem Zeitpunkt war längst ein Krieg der Währungen entbrannt,[141] und weite Teile des Landes waren bereits der Kontrolle Mobutus entglitten. Im September 1996 begann die bewaffnete Rebellion im Osten des Landes.

---

[138] Vgl. Nest, Michael: The Democratic Republic of Congo – Economic imensions of War and Peace. Boulder 2006. S. 18 f.; Johnson S. 45 ff.
[139] Vgl. Johnson S. 46.
[140] Vg. Ebd. S. 47 f.
[141] Um der Hyperinflation zu begegnen, führte Mobutu den „neuen Zaire" ein, welcher im Verhältnis 3 Mio. zu 1 getauscht wurde. Diese neue Währung fand aber nur begrenzt Anerkennung in der Bevölkerung, der US-Dollar wurde so in weiten Teilen beliebtestes Zahlungsmittel.

## 2.2.5. Kivu unter Mobutu

Verheerend wirkte sich die Verstaatlichung des Landes auf Kivu aus: Besitzrechte wurden ausgehebelt und somit das gesamte Gleichgewicht der Region ins Wanken gebracht. Zusätzliche Instabilität brachte der unsichere Status der zugezogenen Banyarwanda. So erließ Mobutu zwischen 1971 und 1981 verschiedene Gesetze, welche den staatsbürgerlichen Status der Einwanderer aus Ruanda regelten. Die endgültige Fassung von 1981 aber schloss die seit 1959 eingewanderten Ruander, mehrheitlich Tutsi, aus.[142]

Mobutu spielte die Ethnien gezielt gegeneinander aus, um eine gemeinsame Opposition zu verhindern. Durch diese Ethnisierung spalteten sich die Volksgruppen zunehmend auf und bildeten eigene Interessenvertretungen, denen im Laufe der Zeit zunehmend bewaffnete Flügel wuchsen.[143]

Als am 20. März 1993 Nande-Milizen auf einem Markt zahlreiche Zivilisten massakrierten, begann ein langjähriger Bürgerkrieg, der ganz Zaire erfasste. Neuen Zündstoff erhielt der Konflikt infolge des Bürgerkriegs und Genozids in Ruanda,[144] als etwa 2 Millionen ruandische Flüchtlinge, mehrheitlich Hutu, nach Zaire kamen – unter ihnen zahlreiche bewaffnete Soldaten und Milizionäre. Bei Goma (Nord-Kivu), Bukavu und Uvira (Süd-Kivu) wurden die Hutu-Gruppen neu formiert und die Kontrolle der Gebiete fiel an die Hutu.[145] Diese trafen hier nun auf ihren Feind: die ehemaligen Tutsi-Flüchtlinge aus Ruanda, welche nun zurück in den östlichen Nachbarstaat gejagt wurden. Durch die neuen Hutu-Kämpfer erstarkte die Hutu-Bewegung in Kivu.[146] Gleichzeitig wurden zwar beinahe alle Tutsi aus Nord-Kivu vertrieben, in Süd-Kivu aber organisierten sie sich mit Unterstützung aus Ruanda neu. Als erste ruandische Soldaten nach Süd-Kivu kamen, gab es die ersten Feuergefechte mit der zairischen Armee in Süd-Kivu, welche die Tutsi für sich entscheiden, ihren Einflussbereich ausdehnen und Hutu-Flüchtlingslager angreifen konnten. Diese Rebellen gründeten nun die „Alliance des Forces Démocratiques pour la Libération du Congo" (AFDL), die sich den Sturz des Mobutu-Regimes zum Ziel setzte.[147]

---

[142] Vgl. Nest S. 21.
[143] Vgl. Johnson S. 68.
[144] Die Geschehnisse in Ruanda können leider keinen Eingang in diese Arbeit finden. Siehe hierzu Scott Straus: The Order of Genocide. Race, Power, and War in Rwanda. Cornell 2006.
[145] Vgl. Turner S. 4.
[146] Vgl. Reyntjens, Filip: The Great African War. New York 2009. S. 16 f.
[147] Vgl Johnson S. 67 ff.

## 2.2.6. Kongo nach Mobutu

Tatsächlich wurde die AFDL massiv von Ruanda unterstützt, welches den Krieg zwischen Tutsi und Hutu aus den eigenen Grenzen heraus und somit in Kongo halten wollte. Demzufolge wurzelte die AFDL vorerst im Exil in Ruanda, benötigte aber weitere Verbündete und diese fand sie unter anderem in der ugandischen Armee und im einflussreichen Laurent-Désiré Kabila. Zusätzlich wurde die Bewegung von zahlreichen kleinen Gruppen unterstützt, welche unter den Hutu-Armeen gelitten hatten. Der Erfolg der nun folgenden Rebellion gegen Mobutu war einzigartig in der Geschichte Kongos. Innerhalb von nur acht Monaten musste sich Zaires Armee im kompletten Staatsgebiet zurückziehen und Diktator Mobutu konnte gestürzt werden. Nach der Niederschlagung der Hutu-Armeen, welche die großen Flüchtlingslager in Kivu kontrollierten, gingen auch die meisten Flüchtlinge zurück nach Ruanda. Durch die Zerschlagung der großen Hutu-Armeen entstand aber auch das, was seitdem das Kriegsgeschehen in Kongo bestimmt: Kleine Milizenscharmützel ohne klare Führung, ohne klare Front, aber mit stetigen Übergriffen auf die Zivilbevölkerung.[148]

Nachdem der Osten des Landes unter Kontrolle gebracht war, glich der Vormarsch der AFDL, in der sich Kabila inzwischen als unangefochtener Chef etabliert hatte, mehr einem Siegeszug als einer Eroberung: Die Regierungstruppen zogen sich meist schon plündernd zurück, bevor die Rebellen da waren, und so konnte der gesamte Westen Kongos innerhalb eines Monats unter frenetischem Jubel der Bevölkerung durch die AFDL eingenommen werden. Die letzte große Schlacht, 200 km vor Kinshasa, fand am 10. Mai 1997 statt. Am 16. Mai flüchtete Mobutu in sein Exil nach Marokko.[149]

Doch der Frieden blieb aus. Kongo unter Kabila war ein Willkürregime, in dem es keine Einflussmöglichkeiten für die Zivilgesellschaft gab – die bekannte Korruption des Mobutu-Regimes setzte sich nach kurzer Pause weiter fort. Auch der Krieg fand kein Ende; im Land verstreut waren Hutu-Milizen, Reste der Mobutu-Armee und lokale Milizen, die sich der Herrschaft der AFDL nicht unterordnen wollten. Zudem bauten Mobutu-Loyalisten im Exil bewaffnete Gruppen auf und drangen in Kongo ein. Besonders aber die verstreuten Hutu stellten ein massives Problem dar; immer wieder erreichten die Welt Nachrichten von Massakern.[150] Problematisch war auch das Verhältnis zu Ruanda, welches einerseits zum Schutz der eigenen Bevölkerung vor Hutu-Rebellen größeren Einfluss auf Kivu ausüben wollte, andererseits aber Ostkongo damit stark destabilisierte. Diese Entwicklungen sowie der

---

[148] Vgl. ebd. S. 74 ff.
[149] Vgl. ebd. S. 76 ff.
[150] Vgl. Turner S. 5

langsame Zerfall der AFDL unter dem autoritären Stil Kabilas führten zum „Zweiten Kongokrieg".[151]

## 2.2.7. Der Zweite Kongokrieg

Nachdem Kabila mehrere seiner von Ruanda unterstützten Tutsi-Verbündeten ihres Amtes enthoben hatte, zerbrach das Verhältnis zum Nachbarland..[152] Nach der Ausweisung der ruandischen Armee durch Kabila rebellierten die Banyamulenge in Kivu. Daraufhin etablierte sich eine feindliche Stimmung im Land, welche sich vor allem gegen Banyamulenge und somit hauptsächlich gegen Tutsi richtete. Ruanda und Uganda rückten zum Schutz der Tutsi in Ost-Kongo ein und verbündeten sich mit Mobutu-Loyalisten, welche sie vorher noch bekämpft hatten. Zudem landeten ugandische Elitesoldaten an der Atlantikküste. Die Banyamulenge gründeten die „Rassemblement Congolais pour la Démocratie" (RCD). Kabila antwortete mit ethnischer Hetze gegen Tutsi.[153] Die Rebellen durch Ruandas Gnaden unter General Kabarebe rückten bis kurz vor Kinshasa vor und umstellten den Flughafen. Um einen Sturz Kabilas zu verhindern, rückten im August 1998 Truppen aus Angola, Simbabwe und Namibia in Kongo ein und stoppten den Vormarsch der RCD und zerstörten damit den Gedanken Ruandas und Ugandas, das Kabila-Regime innerhalb weniger Tage besiegen zu können.[154] Daraufhin zerbrach die Allianz, und Uganda begann, eine eigene Rebellengruppe, das „Mouvement du Libération du Congo" (MLC), im Norden Kongos aufzubauen.

Es ergaben sich daraufhin folgende unscharfe Fronten: Im Norden, vornehmlich in Mobutus Heimprovinz Equateur, etablierte sich die von Uganda unterstützte MLC unter Jean-Pierre Bemba; den Osten, zentriert in Kivu aber auch in Teilen Katangas, Kasais und Orientale, hielten Ruanda und die RCD; Kabila kontrollierte Südkongo vom Atlantik über Süd-Kasai sowie große Teile seiner Heimatprovinz Katanga.[155] Während Kabilas eigentliche Kräfte wenig stark waren, kämpften vor Allem ausländische Mächte mit unterschiedlichen Beweggründen für ihn. Namibia witterte die Chance, sich außenpolitisch von Südafrika abzusetzen und sich zu profilieren, Simbabwe nutzte die Möglichkeit, seine Soldaten im Ausland Geld verdienen zu lassen, und Angola fürchtete bei einem Sturz Kabilas neue Rückzugsmöglichkeiten angolanischer Rebellengruppen.[156] Hinzu kamen starke persönliche und wirtschaftliche Interessen. Letztlich konnte Kabila die ausländischen Kräfte auch sehr gut

---

[151] Vgl. Johnson S. 81 ff.
[152] Vgl. Turner S. 5
[153] Vgl. Johnson S. 86 ff.
[154] Vgl. Prunier, Gérard: Africa's World War. Oxford 2010. S. 184 ff.
[155] Vgl. Turner S. 6
[156] Vgl. Johnson 88 f.; Genaueres zu den Beweggründen der Kriegsparteien siehe Punier S. 187 ff.

bezahlen – hielt er doch weiterhin die Ölquellen an der Küste, die Diamantengebiete Kasais sowie das rohstoffreiche Katanga. [157] Es entstand eine Pattsituation. Die Friedensverhandlungen scheiterten, und so begann ein blutiger Stellungskrieg, in dem sich die Kombattanten vor allem mit Raubzügen gegen die Bevölkerung finanzierten und so das Land wirtschaftlich ausbluten ließen. [158]

Trotz des Waffenstillstandsabkommens von Lusaka im Juni 1999 gingen die Kämpfe weiter, verstärkt auch zwischen RCD und MLC bzw. ruandischen und ugandischen Soldaten um die Stadt Kisangani. Kongo versank zunehmend in der aussichtslosen Lage eines verheerenden, endlosen Krieges. Der ständige Kriegszustand und die geringe Kooperationsbereitschaft Kabilas mit der internationalen Gemeinschaft brachten ihm den Unmut seiner Verbündeten und die Ablehnung der Zivilbevölkerung ein. Am 16. Januar 2001 wurde Kabila unter noch immer nicht vollständig geklärten Umständen bei einer Besprechung mit Geschäftspartnern erschossen. [159]

Daraufhin wurde Kabilas Sohn Joseph Kabila die Führung der Regierungsgeschäfte übertragen. Der junge Kabila präsentierte sich reformbemüht, etablierte sich auf der internationalen Bühne und beteiligte sich auch sofort an den Gesprächen mit der ruandischen Führung. Während damit der große Krieg langsam einem Ende entgegensah, verwüsteten weiterhin verschiedene, von Warlords gesteuerte Milizen das Land und versuchten, sich zu Ungunsten der Zivilbevölkerung zu alimentieren. Die ruandischen und ugandischen Truppen aber zogen sich zurück, und VN-Blauhelmsoldaten wurden im Land stationiert. Im Mai vereinbarten alle Kriegsparteien einen Waffenstillstand und innerkongolesische Verhandlungen. Nach mehreren gescheiterten Verhandlungsrunden wurde Ende 2002 in Pretoria das Machtteilungsprinzip 1+4, welches Kabila weiterhin als Präsidenten vorsah, ihm aber vier Vizepräsidenten aus den Kriegsparteien zur Seite stellte, vereinbart. Zu diesem Zeitpunkt, dem offiziellen Ende des Krieges, hatten diese Auseinandersetzungen bereits 2,5[160] bis 3,8 Millionen[161] Menschen das Leben gekostet. Es handelte sich um den zweitblutigsten Krieg der Weltgeschichte.

## 2.3. Charakterisierung des Zweiten Kongokrieges

Entscheidend für die eventuellen Schlussfolgerungen, die man aus dem geschilderten Konflikt in Bezug auf das Prinzip der Schutzverantwortung ziehen kann, sind das Wesen des Krieges

---

[157] Vgl. Turner S. 6.
[158] Vgl. Nest S. 25 ff.; Johnson S. 88 f.
[159] Vgl. Johnson S. 94 ff.
[160] Vgl. ebd. 99 ff.
[161] Vgl. Turner S. 2

und die in ihm eingesetzten Mittel. Demzufolge sollen diese Faktoren im Folgenden näher untersucht werden.

Vor Allem die Berichte von „Human Rights Watch" bieten für diese Betrachtung eine hilfreiche Grundlage, da die Organisation stetig Daten über die Vorkommnisse in Kongo veröffentlichte. Neben vielen weiteren Verbrechen, wie z.B. willkürlicher Rechtssprechung, Folter oder Plünderungen, sind es vor Allem vier massive Menschenrechtsverbrechen, die von der NRO dokumentiert wurden: Massaker an der Zivilbevölkerung, ethnische Säuberungen, der Einsatz von Kindersoldaten und Massenvergewaltigungen.

### Übergriffe auf Zivilisten

Neben der häufig nicht klaren Unterscheidung zwischen militärischen und zivilen Zielen[162] sind besonders die Berichte von begangenen Massakern an der Zivilbevölkerung, vor Allem von Seiten der FAC und der RCD, erschreckenderweise so vielzählig, dass es nicht möglich ist, auch nur annähernd deren Ausmaß zu erfassen und darzustellen. Zur Veranschaulichung der Dimension der Verbrechen werden daher im Folgenden nur einige exemplarische Fälle näher beschrieben.

So berichtete „Human Rights Watch" bereits im August 1998 von einem schweren Übergriff der RCD auf Zivilisten, bei denen 37 Menschen starben[163] sowie von Übergriffen durch Kabilas Sicherheitskräfte auf unbewaffnete Flüchtlinge im vorangehenden Monat.[164]

Auch die RCD griff Flüchtlinge an, umstellte deren Camps und tötete oder verschleppte die Vertriebenen.

Das häufig willkürliche Töten von Zivilisten diente auf allen Seiten stets als Unterdrückungs- aber auch als Vergeltungsinstrument. So rächten lokale Milizen, bewaffnet mit Speeren und Bögen, den Übergriff ugandischer Soldaten in Bunia vom 19. Januar 2001, bei dem etwa 150 Menschen starben, wahllos an der Zivilbevölkerung. Dabei starben etwa 100 Menschen.[165]

Ähnlich stellt sich auch ein Vergeltungsschlag der RCD auf Mai-Mai-Rebellen dar, bei dem 37 Flüchtlinge, welche in einer katholischen Kirche Schutz gesucht hatten, umstellt und umgebracht wurden. Die RCD zog weiter und tötete im angrenzenden Dorf weitere 29 Zivilisten. Dieses Beispiel kann auch die Grausamkeiten dieser Übergriffe illustrieren: Die meisten Opfer wurden mit Macheten oder anderen scharfen Gegenständen getötet – die wenigsten wurden erschossen. Der Kopf und Rumpf des Priesters sowie einer Nonne wurden

---

[162] Vgl. Punier S. 212.
[163] Vgl. http://www.hrw.org/en/news/1998/08/27/human-rights-watch-condemns-civilian-killings-congo-rebels.
[164] Vgl. http://www.hrw.org/en/news/1998/06/30/hrw-welcomes-un-report-congo-massacres.
[165] Vgl. http://www.hrw.org/en/news/2001/01/21/congo-massacres-ugandan-controlled-areas.

mit einer Machete komplett geteilt. In einer Latrine fand man mehrere teilweise tote, teilweise lebendige Kinder und Säuglinge.

Auch das Kriegsmittel der „verbrannten Erde" wurde verstärkt eingesetzt. So zündete die RCD unzählige Häuser, häufig noch mit den lebenden Bewohnern darin, an der Hauptstraße durch die Lwindi Gemeinde an, um den Mai-Mai-Rebellen den Rückzug zu erschweren. Zudem wurden vielerorts willkürlich Gefangene gemacht, welche dann von unlegitimierten und frei handelnden „Gerichten" exekutiert wurden.

Vor Allem aber die Bevölkerung, die zwischen den Fronten von FAC und RCD stand, wurde Opfer massiver Menschenrechtsverbrechen. Beide Seiten machten häufig Zivilisten für eigene Verluste oder Niederlagen verantwortlich und suchten dafür gewaltsame Vergeltung. Als die RCD während des Jahreswechsels 1998/1999 die Stadt Uvira der FAC überlassen musste, startete sie auf ihrem Rückzug grausame Übergriffe gegen Zivilisten. Ein Mitarbeiter des Roten Kreuzes beschreibt die etwa 100 gefundenen Leichen: *„Some bodies were tied up, some had their penises chopped off, there were also bodies of young women, aged fifteen, sixteen, seventeen and nineteen, with their underclothes to one side who had been raped and killed. A few victims had been tortured."*[166] Vielerorts ergab sich auch das Problem, dass Ortschaften nacheinander von verschiedenen Gruppen terrorisiert wurden. So berichtete ein Zeuge: *„The soldiers come looking for Interahamwe and the Presidential Guard. When they come looking for the Interahamwe, they come to the village and ask, „Why do you support those people?" But the Interahamwe have guns. They come through and force us to give up food. When the Tutsi [RCD troops] come through, they kill us and burn our villages. When the Interahamwe come, they attack us and they burn our villages."* Ein elfjähriges Mädchen, das aus Kiribangiro geflüchtet war, berichtete ähnliches: *„The Interahamwe and Mai-Mai came and said that we were friends of the soldiers. When the RCD came, they said that we were friends of the Interahamwe and Mai-Mai."*[167]

Beispielhaft soll abschließend folgender Teil eines Berichts von Human Rights Watch aus dem Jahre 2000 dienen. In diesem, wie in vielen anderen Berichten, finden sich unzählige, ähnliche Schilderungen: *„People in Walikale territory have similarly suffered from successive attacks by both sides. According to one witness, Hutu combatants repeatedly pillaged the village of Mwitwa. When RCD and RPA troops arrived at the village on September 23, 1999, they surprised some Hutu combatants there and shot two of them before turning their guns on*

---

[166] Vgl. Human Rights Watch Report: Democratic Republic of Congo. Casualties of War: Civilians, Rule of Law, and Democratic Freedoms. Eastern Congo: Findings. New York 1999.

[167] Zit. Human Rights Watch: Democratic Republic of Congo. Eastern Conco Revaged: Killing Civilians and Silencing Protest. Indiscriminate attacks and extrajudicial executions of civilians. New York 2000.

*the population. The soldiers shot dead Luanda, an eighteen-year-old youth; Tamari, a mother;*
*Matata, a boy in the sixth year of primary school; and Lawi Sukuma, a man of thirty-six. The*
*soldiers raped two women and burned a number of homes. Three days later Hutu combatants*
*returned to accuse local people of befriending the Tutsi, because their two comrades were*
*killed in the village. They raped three women, pillaged, and burned more homes. According to*
*the witness, thirty-six of the 300 homes of Mwitwa were burned in these two attacks. [...].*
*Hutu combatants attacked Ngenge, Walo wa Yungu, about twelve miles from Mwitwa, on*
*November 21, 1999 and pillaged forty cattle. Two days later, as the meat from cattle killed in*
*the raid was being sold at market, RCD troops arrived and, without warning, launched a*
*bomb into Ngenge which landed on the grade school. Here and in the neighboring villages of*
*Kangati and Kaliki the soldiers shot at local people, driving them into the woods. The next*
*day, the soldiers called to people to come back from the woods. Distrusting the soldiers, a*
*delegation of villagers came to see if it was safe to return. When they arrived in the village,*
*the soldiers seized them and the few others who had come out of the woods, tied their arms*
*behind their backs, and began beating them. The only one to survive the attack showed*
*Human Rights Watch researchers scars on his head and chest and related, "I was the first.*
*There was one man in front of me, one behind, and one to the side. They beat me with a*
*branch from a tree, and they cut me with knives across the chest." The soldiers left him*
*unconscious and bleeding, assuming that he was dead, and went on to beat twenty-six others*
*to death. The witness regained consciousness several hours later when it began to rain and*
*found himself in a pile of corpses. He dragged himself into the woods, where he was found*
*and assisted by others. [...] While some soldiers were killing the captives, others spread into*
*the woods to hunt down those in hiding. The soldiers raped several women and killed others.*
*Some people remain missing. The soldiers also burned approximately 200 homes."*[168]

Das unglaubliche Ausmaß dieser Angriffe auf die Bevölkerung ohne militärischen Grund ist
eindeutig als Kriegsverbrechen und Verbrechen gegen die Menschlichkeit gemäß den
Definitionen aus 1.4.6. zu charakterisieren.


**Ethnische Säuberungen**

Wenngleich das Ausmaß ethnischer Säuberungen keineswegs an das Unglück in Ruanda
heranreicht, gab es tatsächlich Entwicklungen, die einen weiteren Genozid befürchten ließen.
So riefen im August 1998 die staatliche Radiostation sowie die staatliche Zeitung Kinshasas
zum Mord an Tutsi auf. Dieser sollte mit allen Mitteln, die der Bevölkerung zur Verfügung

---

[168] Zit. ebd.

stünden, durchgeführt werden. Einer Anti-Tutsi-Demonstration schlossen sich sogar einige Minister der Kabila-Regierung an. Auch sie riefen zum Mord an Tutsi auf. [169] Es folgte ein massenhaftes Schlachten in und um Kinshasa, welchem allein in Kinshasa hunderte Tutsi zum Opfer fielen.

Immer wieder und in ganz Kongo wurden zunehmend ethnisch motivierte Pogrome von allen Seiten durchgeführt. Hierbei wurden ethnische Unterschiede häufig als Vorwand für militärisches Kalkül und Plünderungen gebraucht.

Wenngleich nun also ethnische Beweggründe das Töten von Zivilisten gefördert haben, lassen sich aber das vergleichsweise geringe Ausmaß und die nur punktuelle Gezieltheit kaum mit der engen Definition aus 1.4.6. vereinbaren, sodass hier nicht von einem Genozid die Rede sein kann.


**Kindersoldaten**

Der Einsatz von Kindersoldaten, als eines der Hauptprobleme Afrikas, fand sich auch im Zweiten Kongokrieg wieder. Dabei gingen die Kriegsparteien teilweise sehr offen damit um und versuchten teilweise sogar junge Kongolesen über das Radio zu werben. [170] Uganda ließ die von ihnen unterstützen Gruppen sogar im eigenen Land rekrutieren und schickte die jungen Kämpfer dann nach Kongo. [171]

Konkrete Zahlen, wie viele Kindersoldaten im Einsatz waren, sind unmöglich zu ermitteln. Laut VN-Angaben seien aber etwa 15 bis 30 % der neu rekrutierten Kämpfer während des Krieges unter 18 Jahre alt gewesen[172], im RCD-Ausbildungslager in Masisi seien es gar 60 % aller neuen Rekruten gewesen. [173] Zeitweise hatte allein die FAC mehrere tausend Kinder in ihren Reihen – jeder 14. Soldat war unter 13 Jahre alt. [174]

Gemäß der Definition aus 1.4.6. ist der Einsatz von Kindersoldaten unter 15 Jahren als Kriegsverbrechen zu klassifizieren.


**Vergewaltigungen**

Vergewaltigungen und andere Formen sexueller Gewalt gegenüber Zivilisten waren bei allen Kriegsparteien weit verbreitet. Der Bericht von „Human Rights Watch" *The War within the*

---

[169] Vgl. Human Rights Watch Report: Democratic Republic of Congo. Casualties of War: Civilians, Rule of Law, and Democratic Freedoms. Human Rights Abuses in Western Congo. New York 1999.
[170] Vgl. ebd.
[171] Vgl. http://www.hrw.org/en/news/1999/04/18/more-120000-child-soldiers-fighting-africa.
[172] Vgl. UN-Doc. S/2000/1156 (2000). S.11 Nr. 72.
[173] Vgl. UN-Doc. S/2001/128 (2001). S. 9 Nr. 65.
[174] Vgl. Human Rights Watch Report: Democratic Republic of Congo. Casualties of War: Civilians, Rule of Law, and Democratic Freedoms. Human Rights Abuses in Western Congo. New York 2009.

*War*[175] (Juni 2002) verdeutlicht auf erschreckend umfangreiche und präzise Weise das Ausmaß und die Brutalität, welche die Soldaten an den Tag legten.

Meist waren die oben geschilderten Übergriffe auf Zivilisten verbunden mit Massenvergewaltigungen. Eine kongolesische Frauenrechtsgruppe registrierte allein innerhalb von zwei Monaten und lediglich in den Regionen Katanga und Kalehe in Süd-Kivu 115 registrierte Fälle von Vergewaltigung, allein 30 bei einem Angriff auf Bulindi am 5. April 1999.[176] Dabei liegt die Dunkelziffer noch unendlich höher – tatsächliche, umfassende Zahlen sind nicht zu ermitteln, Schätzungen scheinen unmöglich.[177] Tatsächlich wurde die Waffe der Vergewaltigung häufig eingesetzt, um Dorfgemeinschaften zu zerstören, denn das Stigma des Vergewaltigungsopfers macht die betroffene Person sozial inakzeptabel.[178] Zudem galt die Vergewaltigung bei vielen Soldaten als Beweis ihrer Männlichkeit und teilweise diente sie als „Aufnahmeritual" in die militärische Gruppe. [179] Schließlich schädigt die massenhafte Vergewaltigung nicht nur das direkte Opfer, sondern fördert massiv die Verbreitung von HIV/AIDS und anderen Sexualkrankheiten, was das Land nachhaltig schädigt.

Gemäß der Definition aus 1.4.6. sind sexuelle Gewalt und Vergewaltigungen sowohl als Kriegsverbrechen als auch als Verbrechen gegen die Menschlichkeit zu klassifizieren.


Wie festgestellt wurde, haben sich die Kriegsparteien des Zweiten Kongokrieges unter Anderem durch häufige Angriffe auf die Zivilbevölkerung, das Einsetzen von Kindersoldaten unter 15 Jahren und die massenhafte Vergewaltigung und den Einsatz sexueller Gewalt schwerer Kriegsverbrechen schuldig gemacht und in unzähligen Fällen Verbrechen gegen die Menschlichkeit begangen.

## 2.4. Die Staatengemeinschaft während des Zweiten Kongokrieges

Als im August 1998 der Zweite Kongokrieg ausbrach, reagierten die VN, wie bereits zwei Jahre zuvor, langsam und zurückhaltend. Es dauerte beinahe einen Monat, bis der Sicherheitsrat sich mit den Geschehnissen in Kongo beschäftigte. Er forderte alle Staaten der Region auf, jede Einmischung in die inneren Angelegenheiten anderer Staaten zu

---

[175] Einzusehen unter http://www.hrw.org/en/reports/2002/06/20/war-within-war-0.
[176] Vgl. Human Rights Watch: Democratic Republic of Congo. Eastern Conco Revaged: Killing Civilians and Silencing Protest. Indiscriminate attacks and extrajudicial executions of civilians. New York 2000.
[177] Vgl. Eriksson Baaz, Maria: Why do Soldiers Rape? Masculinity, Violence, and Sexuality in the Armed Forces in the Congo. In: International Studys Quarterly. Band 53 Heft 2. Malden 2009. S. 496.
[178] Vgl. Chiwengo, Ngwarsungu: When Wounds and Corpses Fail to Speak: Narratives of Violence and Rape in Congo. In: Comparative studies of South Asia, Africa and the Middle East. Band 28 Heft 1. Durham 2008. S. 86.
[179] Vgl. Eriksson Baaz S. 505 ff.

unterlassen.[180] Auch in der Folgezeit konzentrierten sich die VN fast ausschließlich auf diese Aufforderung an die Nachbarstaaten Kongos. Erst im Februar 2000 beschloss der Sicherheitsrat auf Drängen Kofi Annans mithilfe der Resolution 1291, die VN-Mission MONUC mit einer Stärke von 5 537 Mann zu entsenden. Das Mandat beinhaltete dabei auch die Möglichkeit, zum Schutz von Zivilisten einzugreifen. Diese Handlungsoption wurde jedoch nur überaus sporadisch genutzt. Auch die Verwirklichung der Mission war durch starke Verzögerungen gekennzeichnet: Im April 2000 waren erst 111 Soldaten in Kongo.[181] Zudem war die Mission quantitativ zu keinem Zeitpunkt in der Lage, flächendeckend Menschenrechtsverletzungen zu verhindern oder gar für Frieden zu sorgen.[182]

Neben der weitestgehenden Wirkungslosigkeit von MONUC überschatteten zudem Berichte von Vergewaltigungen durch VN-Soldaten den Einsatz und schädigten den Ruf der Blauhelmsoldaten nachhaltig.[183]

Schon diese kurze Zusammenfassung der Handlungen der Staatengemeinschaft verschafft einen Überblick, wie zaghaft und uneffektiv die Vereinten Nationen im Zweiten Kongokrieg gehandelt haben.

---

[180] Vgl. UN Press Release SC/6569
[181] Vgl. Turner S. 158.
[182] Ein Bericht von Human Rights Watch zu Menschenrechtsverbrechen in Bukavu bescheinigt MONUC die Unfähigkeit, effektiv einzugreifen. Siehe http://www.hrw.org/legacy/english/docs/2004/06/11/congo8803.htm.
[183] Vgl. Tuner S. 161 f.

## 3. Welche Schutzverantwortung trug die Völkergemeinschaft?

Wie in Kapitel 2 festgestellt, gebietet das herrschende Völkerrecht dem Herrschenden den Schutz der eigenen Bevölkerung gegen schwere Menschenrechtsverletzungen (im Sinne der angeführten Definitionen Genozid, Kriegsverbrechen, ethnische Säuberungen und Verbrechen gegen die Menschlichkeit). Der betroffene Staat verliert seinen Anspruch auf Souveränität, sollte er nicht fähig oder willens sein, schwere Menschenrechtsverbrechen zu verhindern. Die Verantwortung für den Schutz der Bevölkerung geht demzufolge in diesem Moment an die Staatengemeinschaft über, welche mit dem Instrument des VN-Sicherheitsrates reagieren muss. Dies schließt in letzter Konsequenz auch eine militärische Intervention ein.

Wie in 2.3. aufgezeigt, kann kein Zweifel bestehen, dass während des Zweiten Kongokrieges besonders Kriegsverbrechen und Verbrechen gegen die Menschlichkeit nachweislich in großem Umfang stattfanden. Diesen Verbrechen haben sich alle Kriegsparteien in teilweise verschiedener Weise schuldig gemacht. Besonders die blutigen Übergriffe auf Zivilisten können keine Rechtfertigung finden.

Die Bevölkerung sah sich diesen Übergriffen vollends schutzlos ausgeliefert, da in weiten Teilen nicht nur eine handlungsfähige Staatsmacht fehlte, sondern diese sogar selbst einen nicht unerheblichen Teil des Terrors verschuldete. Kabilas Regierung war also nicht nur nicht fähig, vor Allem aber nicht willens, die Verbrechen zu verhindern.

Gemäß obiger Darstellung hatte demnach die kongolesische Regierung ihren Anspruch auf Souveränität verwirkt, und die Schutzverantwortung ging auf die Staatengemeinschaft über.

Dies rechtfertigt aber keineswegs die Interventionen der umliegenden Staaten, sondern überträgt die Verantwortung an den Machtmonopolisten der Internationalen Beziehungen, die Vereinten Nationen mit ihrem Handlungsinstrument dem Sicherheitsrat, welcher die Aufgabe gehabt hätte, entschlossene Schritte zum Schutz der Bevölkerung Kongos zu unternehmen.

Wie in 2.4. dargestellt, waren die Maßnahmen, die letztlich ergriffen wurden, zu zögerlich und zu verhalten, um effektiv wirken zu können. Die Internationale Gemeinschaft kam somit ihrer Schutzverantwortung eindeutig nicht nach, und dies ergibt nach der genannten Definition nicht nur eine Verantwortung, sondern auch eine Schuld, welche die Staatengemeinschaft am Tod von Millionen von Menschen in Kongo trägt.

# Literaturverzeichnis

## Primärquellen und Berichte

*Human Rights Watch Report: Democratic Republic of Congo. Casualties of War: Civilians, Rule of Law, and Democratic Freedoms. Human Rights Abuses in Western Congo. New York 1999.*

*Human Rights Watch: Democratic Republic of Congo. Eastern Conco Revaged: Killing Civilians and Silencing Protest. Indiscriminate Attacks and extrajudicial executions of civilians. New York 2000.*

*Meyers Grosses Taschenlexikon. Band 23. Mannheim 1995.*

*The Oxford English Dictionary. Oxford 2008.*

*UN Doc. A/59/565(2004).*

*UN-Doc. A/RES/60/1 (2005).*

*UN Doc. A/63/677 (2009).*

*UN Doc. A/63/L.80 (2009).*

*UN Doc. A/HRC/4/80 (2007).*

*UN-Doc. A/RES/60/1 (2005).*

*UN-Doc. S/2000/1156 (2000).*

*UN-Doc. S/2001/128 (2001).*

*UN-Doc. S/23500(1992).*

*UN-Doc. S/RES/1325 (2000) .*

*UN-Doc. S/RES/1674 (2006) .*

*UN-Doc. S/RES/1738 (2006).*

*UN-Doc. S/RES/1970 (2011).*

*UN-Doc. S/RES/1973 (2011).*

*UN Press Release SC/6569.*

*Urteil des IGH „Application of the Convention on the Prevention and Punishment of the Crime of Genocide" (Bosnien und Herzegowina gegen Serbien und Montenegro) ILM 46 (2007).*

## Sekundärquellen

*Autesserre, Séverine: The Trouble with the Congo. Cambridge 2010.*

*Bannon, Alicia L.: The Responsibility to Protect. in: The Yale Law Journal. Nr. 115. New Haven 2006. S. 1157-1165.*

*Bellamy, Alex J.; Reike, Ruben: The Responsibility to protect and International Law. Leiden 2011.*

*Bluntschli, Johann Caspar: Das moderne Völkerrecht der civilisierten Staaten. Nördlingen 1868.*

*Brunée, Jutta; Toope, Stephen J.: The Responsibility to Protect and the Use of Force: Building Legality?. in: Bellamy, Alex J.: The Responsibility to Protect in International Law. Leiden 2010. S. 59-80.*

*Brunnée, Jutta; Toope, Stephen J.: Legitimacy and Legality in International Law. Cambridge 2010.*

*Bummel, Andreas: Souveränität verpflichtet: Die neue Schutzverantwortung der Staaten. in: Pogrom: bedrohte Völker. Band 39 Heft 3. Göttingen 2008. S. 62-64.*

*Chesterman, Simon: Just War oder Just Peace? Humanitarian Intervention and International Law. Oxford 2001.*

*Chiwengo, Ngwarsungu: When Wounds and Corpses Fail to Speak: Narratives of Violence and Rape in Congo. in: Comparative studies of South Asia, Africa and the Middle East. Band 28 Heft 1. Durham 2008. S. 78-92.*

*Clewing, Konrad, Reuter, Jens (Hrsg.): Der Kosovo-Konflikt. München 2000.*

*Eriksson Baaz, Maria: Why do Soldiers Rape? Masculinity, Violence, and Sexuality in the Armed Forces in the Congo. in: International Studys Quarterly. Band 53 Heft 2. Malden 2009. S. 495-518.*

*Evans, Gareth: From an Idea to an International Norm. in: Cooper, Richard H.; Voinov Kohler, Juliette: Responsibility to protect. New York 2009. S. 15-32.*

*Finnemore, Martha: The Purpose of Intervention. New York 2003.*

*Fournet, Caroline: The Crime of Destruction and the Law of Genocide: Their Impact on collective Memory. Aldershot 2007.*

*Griffiths, Martin; Levine, Iain; Weller, Mark: Sovereighnty and suffering. in: John Harriss (Hrsg.): The politics of Humanitarian Intervention. New York 1995. S. 33-90.*

*Grotius, Hugo: De jure belli ac pacis. Drittes Buch. E-book- Ausgabe Frankfurt am Main 2008.*

*Gu, Xuewu: Theorien der Internationalen Beziehungen. Oldenbourg 2010.*

*Harriss, John (Hrsg.): The politics of Humanitarian Intervention. New York 1995.*

*Hehir, Aidan: Humanitarian Interventions After Kosovo. Hampshire 2008.*

*Heffter, August Wilhelm: Das Europäische Völkerrecht der Gegenwart. Berlin 1844.*

*Herdegen, Matthias: Völkerrecht. München 2009.*

*Hofmaier, Rolf; Mehler, Andreas (Hrsg.): Kleines Afrika-Lexikon. Bonn 2005.*

*Ihlau, Olaf; Ilsemann, Siegesmund von: Geduld und Zähigkeit. Spiegel 4/1999. Hamburg 1999.*

*Johnson, Dominic: Kongo: Kriege, Korruption und die Kunst des Überlebens. Frankfurt am Main 2008.*

*Luck, Edward: Sovereighnty, Choice, and the Responsibility to protect. in: Bellamy, Alex J.: The Responsibility to Protect in International Law. Leiden 2010. S.13-25.*

*Ludermann, Bernd: Fluch des Reichtums. In: Kongo. Weltmission heute Nr. 55. Hamburg 2004.*

*Meron, Theodor: War Crimes Law Comes of the Age. Oxford 1998.*

*Nest, Michael: The Democratic Republic of Congo – Economic imensions of War and Peace. Boulder 2006.*

*Pauer, Alexander: Die humanitäre Intervention; Militärische und wirtschaftliche Zwangsmaßnahmen zur Gewährleistung der Menschenrechte. Basel 1985.*

*Prunier, Gérard: Africa's World War. Oxford 2010.*

*Reyntjens, Filip: The Great African War. New York 2009.*

*Schabas, William: Genocide in International Law: The Crime of Crimes. Cambridge 2000.*

*Seeger, Chris: Die unilaterale humanitäre Intervention im System des Völkerrechts. Baden-Baden 2009.*

*Stahn, Carsten: Responsibility to Protect: Political Rhetoric or Emerging Legal Norm?. in: American Journal of International Law. Band 101 Nr. 1. Washington DC 2007. S. 99-120.*

*Stedman, Stephen John: UN Transformation in an Era of Soft Balancing. in: International Affairs. Nr. 83/5. Hoboken 2007. S. 930-938.*

*Strauss, Ekkehard: A Bird in The Hand in Worth Two in the Bush. in: Bellamy, Alex J.: The Responsibility to Protect in International Law. S. 25-59.*

*Swatek-Evenstein, Mark: Geschichte der "humanitären Intervention". Baden-Baden 2008.*

*Turner, Thomas: Congo Wars. London 2007.*

*Verlage, Christopher: The Responsibility to Protect. Tübingen 2009.*

*Wenzel, Matthias: Schutzverantwortung im Völkerrecht. Hamburg 2010.*

*Wheaton, Henry: Elements of International Law. Boston 1866.*

*Zurbuchen, Simone: Vattels „Law of Nations" and the Principle of Non-Intervention. in Grotiana, a journal under the auspices of the Foundation Grotiana. Band 31. Leiden 2010. S. 69-84.*

*Vertiefende Literatur*

Asmus, Ronald: *A little War that Shook the World.* New York 2010.

Krech, Hans: *Der Bürgerkrieg im Irak (1991-2003).* Berlin 2003.

Mill, John Stuart: *A Few Words on Non-Intervention.* in: Mill, John Stuart: Dissertations and discussions : political, philosophical, and historical. Band 3. London 1875.

Huneeus, Carlos: *Augusto Pinochet Ugarte.* in: Werz, Nikolaus (Hrsg.): Populisten, Revolutionäre, Staatsmänner, Politiker in Lateinamerika. Frankfurt am Main 2010. S. 474 - 490.

Hiro, Dilip: *The longest War: the Iran-Iraq military conflict.* London 1989.

Iliffe, John: *Geschichte Afrikas.* München 1997.

Prunier, Gérard: *Darfur: a 21st century genocide.* New York 2008.

Scherrer, Christian: *Ethnisierung und Völkermord in Zentralafrika: Genozid in Rwanda, Bürgerkrieg in Burundi und die Rolle der Weltgemeinschaft.* Frankfurt a./M. 1997.

Muldoon, James: *Francicsco De Vitoria and Humanitarian Intervention".* in: Journal of Military Ethics. Band 5. Heft 2. Oslo 2006. S. 128-143.

Scott Straus: *The Order of Genocide. Race, Power, and War in Rwanda.* Cornell 2006.

Shaw, Martin: *What is Genocide?* Cambridge 2006.

Tetzlaff, Rainer: *"Failing States" in Afrika.* in: Band 55. Bielefeld 2000. S. 8-16.


**Internetquellen (Letzte Einsicht: 10.07.2011)**

*http://archive.kremlin.ru/eng/speeches/2008/08/26/1543_type82912_205752.shtml.*

*http://www.auswaertiges-amt.de/DE/Aussenpolitik/Laender/Laenderinfos/01-Nodes_Uebersichtsseiten/KongoDemokratischeRepublik_node.html.*

*http://www.hrw.org/en/news/1999/04/18/more-120000-child-soldiers-fighting-africa.*

*http://www.hrw.org/en/news/1998/08/27/human-rights-watch-condemns-civilian-killings-congo-rebels.*

*http://www.hrw.org/en/news/2001/01/21/congo-massacres-ugandan-controlled-areas.*

*http://www.hrw.org/en/reports/2002/06/20/war-within-war-0.*

*http://www.hrw.org/legacy/english/docs/2004/06/11/congo8803.htm.*

*http://www.responsibilitytoprotect.org/EU_Sweden_Eng.pdf.*

*http://www.sueddeutsche.de/politik/aufruhr-in-libyen-kampfjets-gegen-demonstranten-1.1063175.*

*http://www.weltkarte.com/typo3temp/pics/9a5464a4c1.png*

*http://www.zdf.de/ZDFmediathek/beitrag/video/1289264/Chronologie-der-Ereignisse-in-Libyen.*